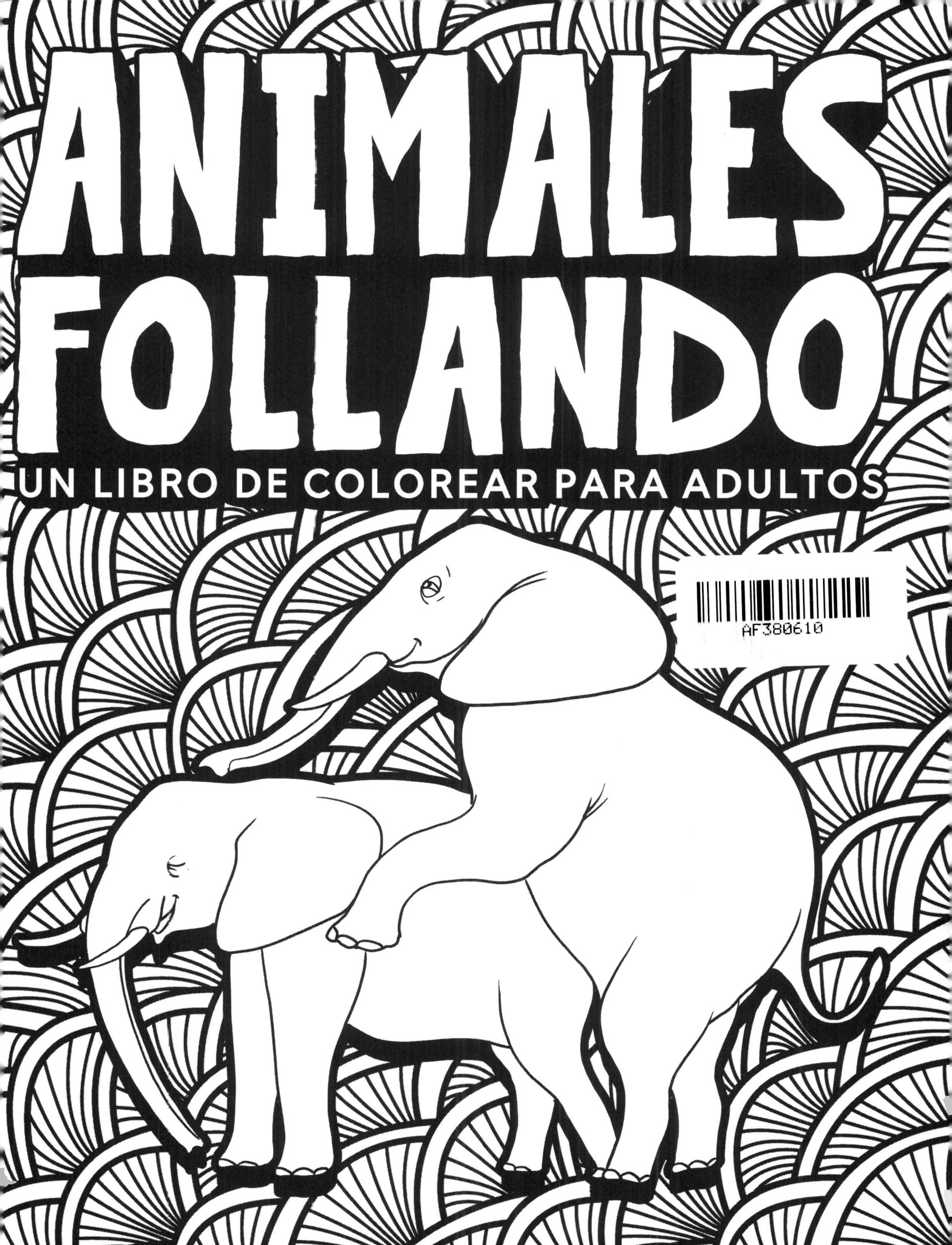

ANIMALES FOLLANDO

UN LIBRO DE COLOREAR PARA ADULTOS

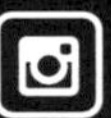

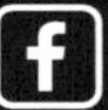

DESCARGA GRATUITA EN PDF
DE ESTE LIBRO
CÓDIGO DE DESCARGA:
HUMP737
www.honeybadgercoloring.com/HA1

Si los intentos de levantarse
de la cama cuentan como
abdominales, yo ya llevo 25.

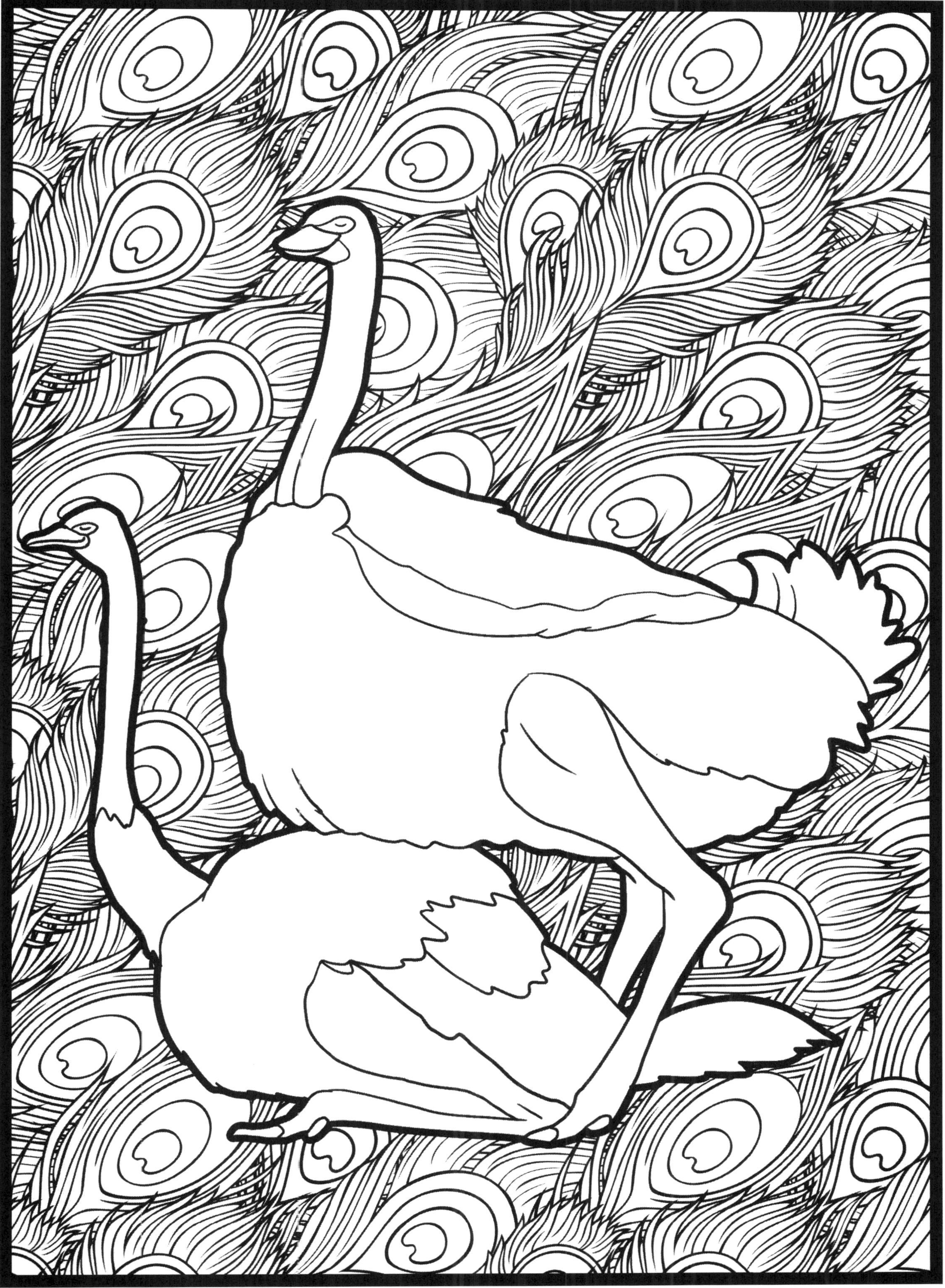

Hoy no quiero
dramas en mi vida.

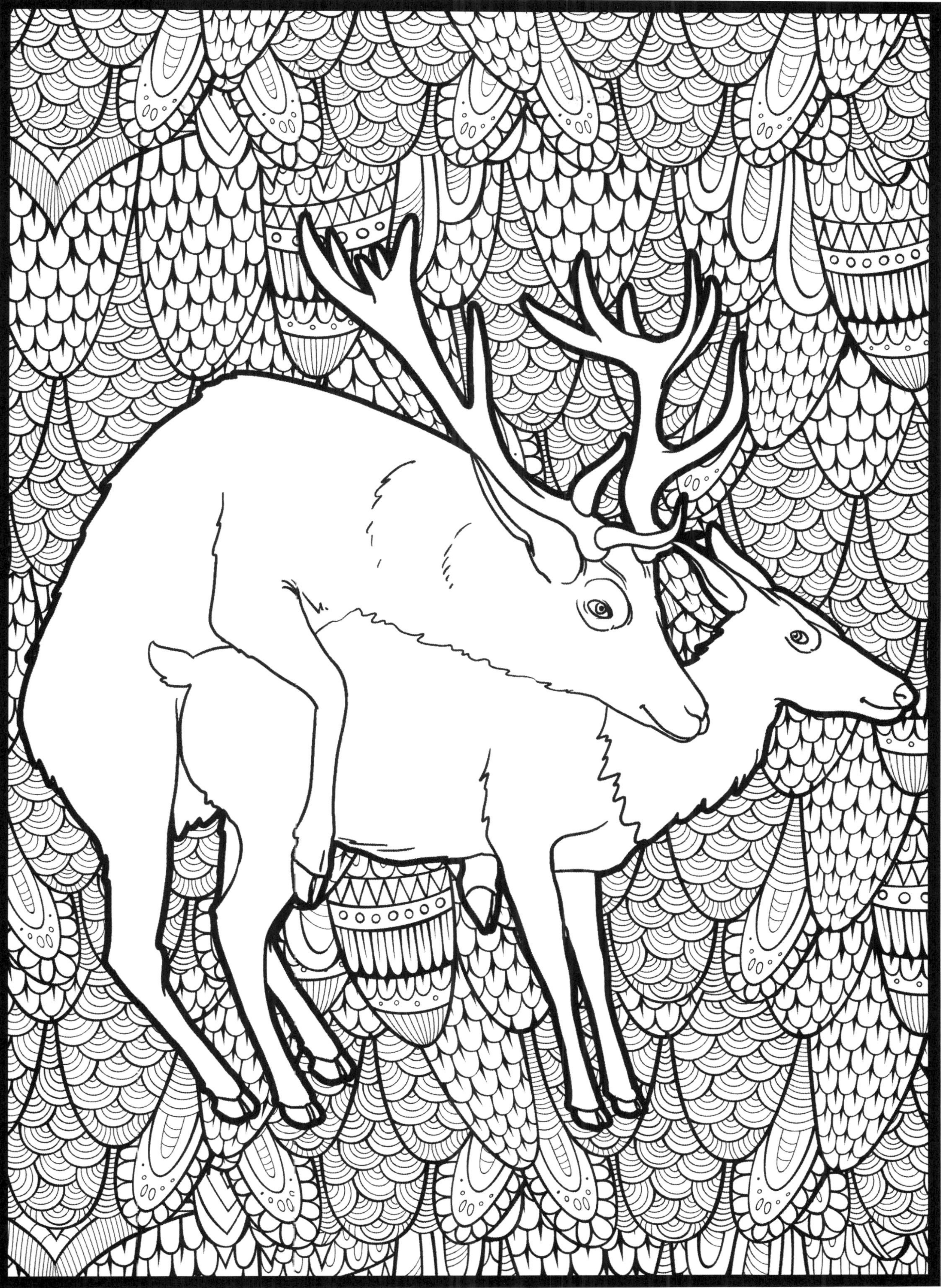

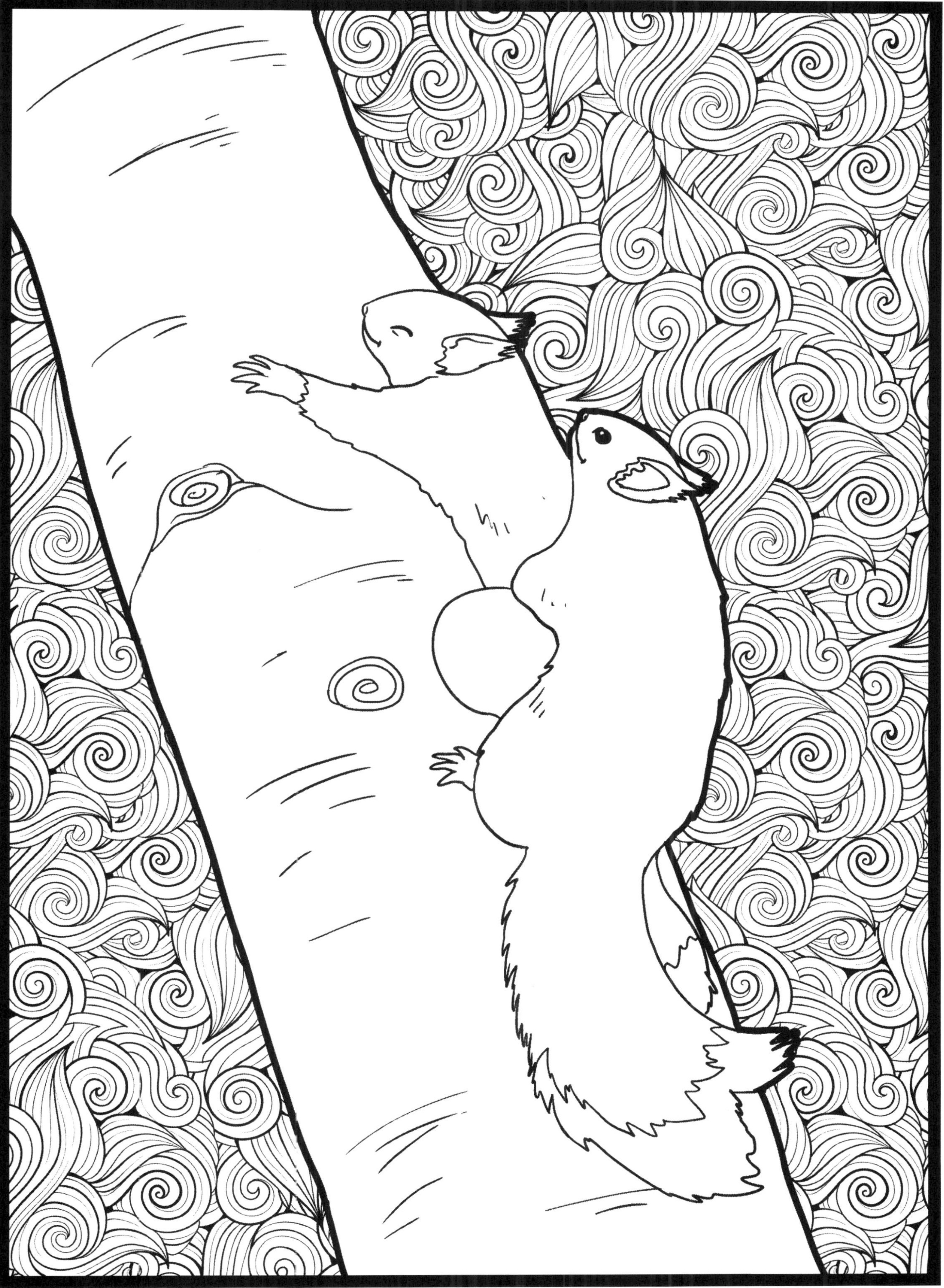

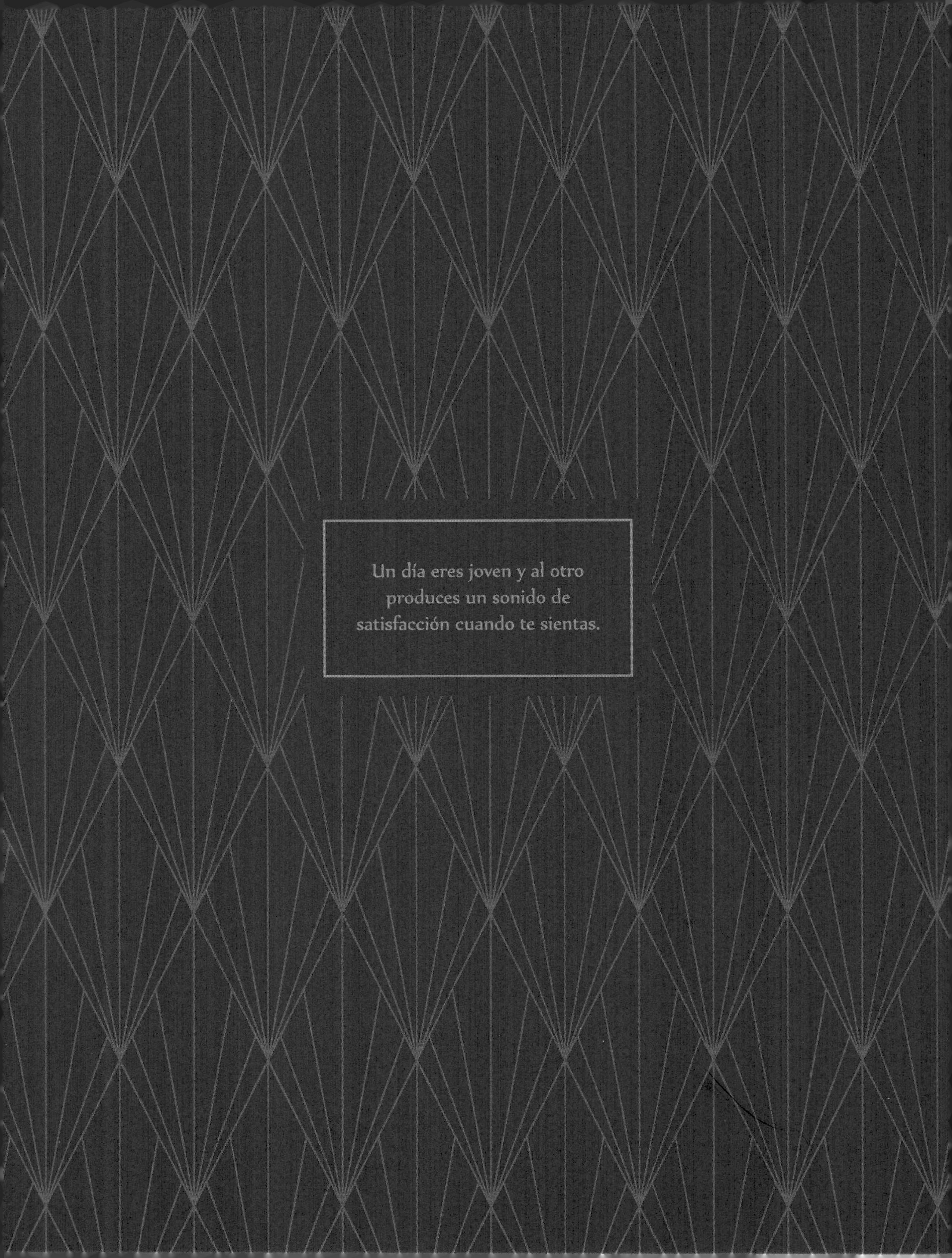

Un día eres joven y al otro
produces un sonido de
satisfacción cuando te sientas.

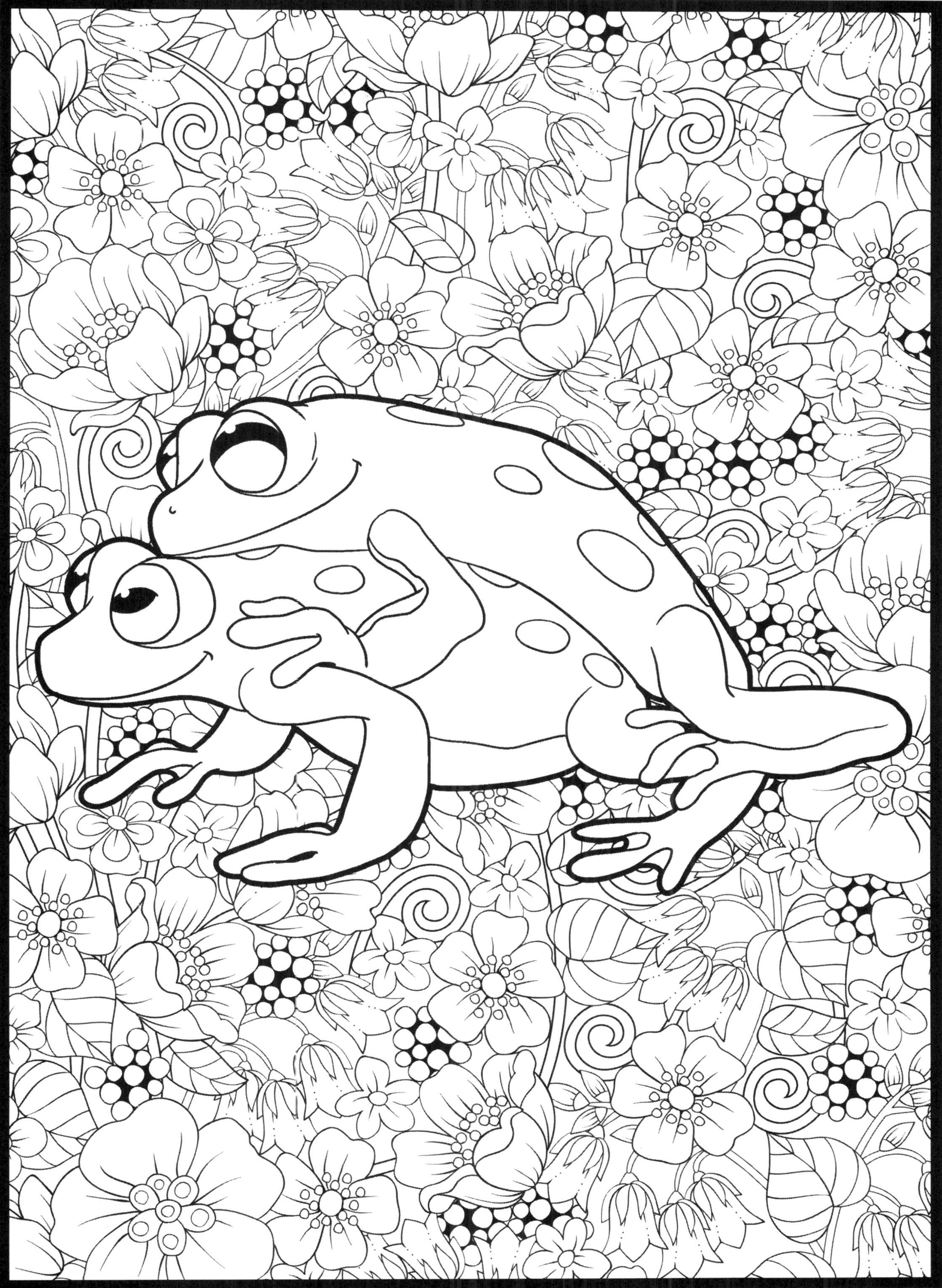

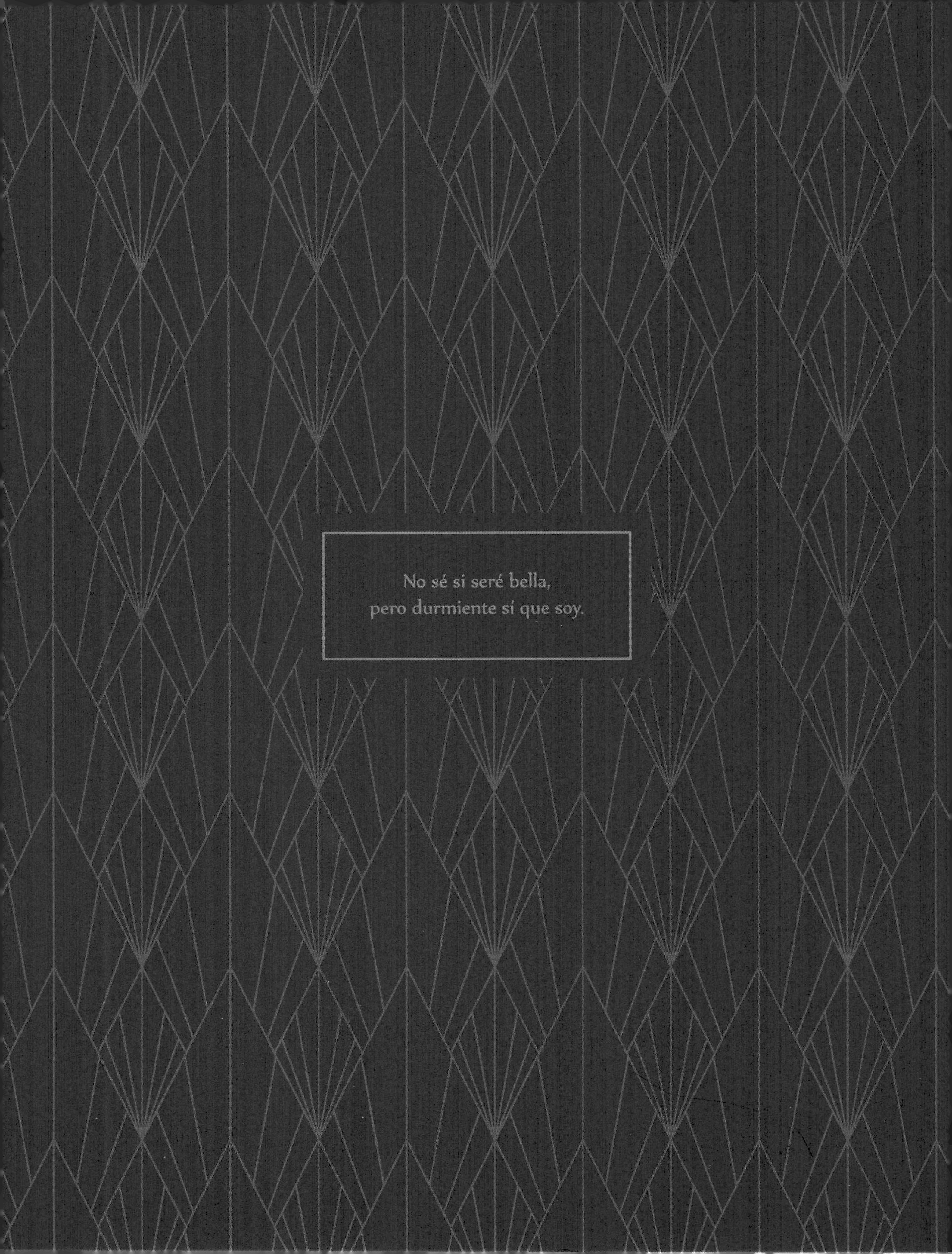

No sé si seré bella,
pero durmiente sí que soy.

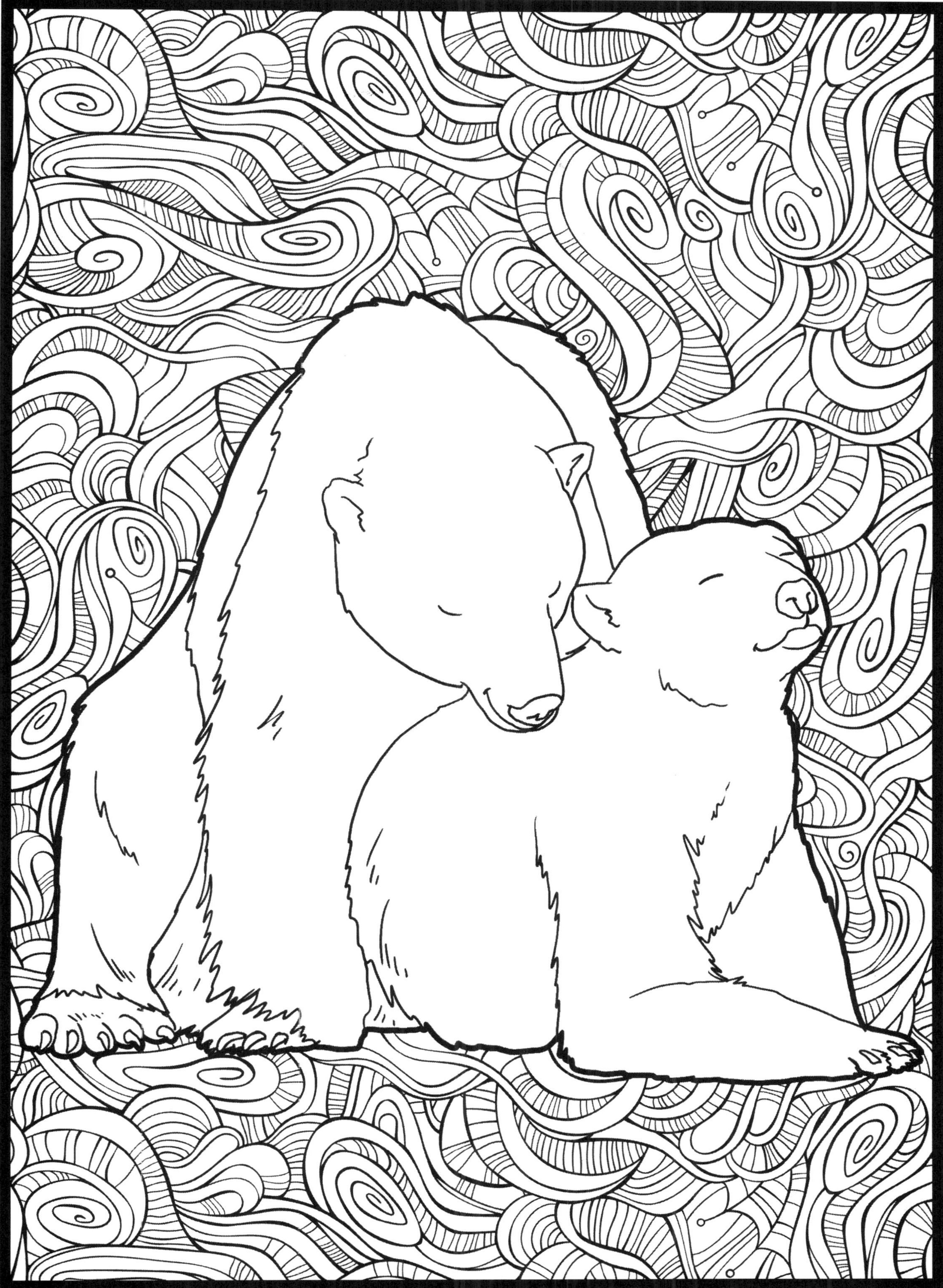

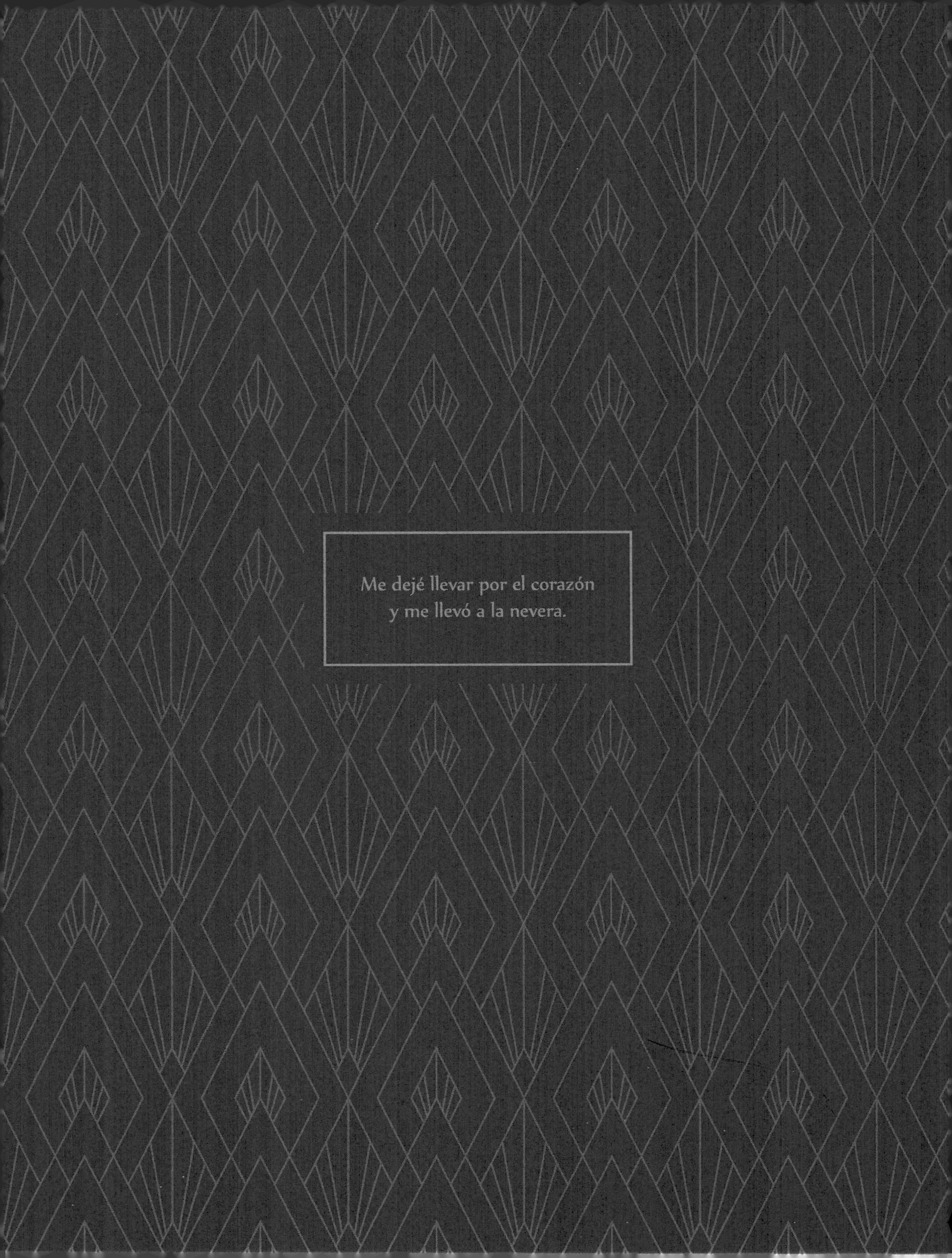
Me dejé llevar por el corazón
y me llevó a la nevera.

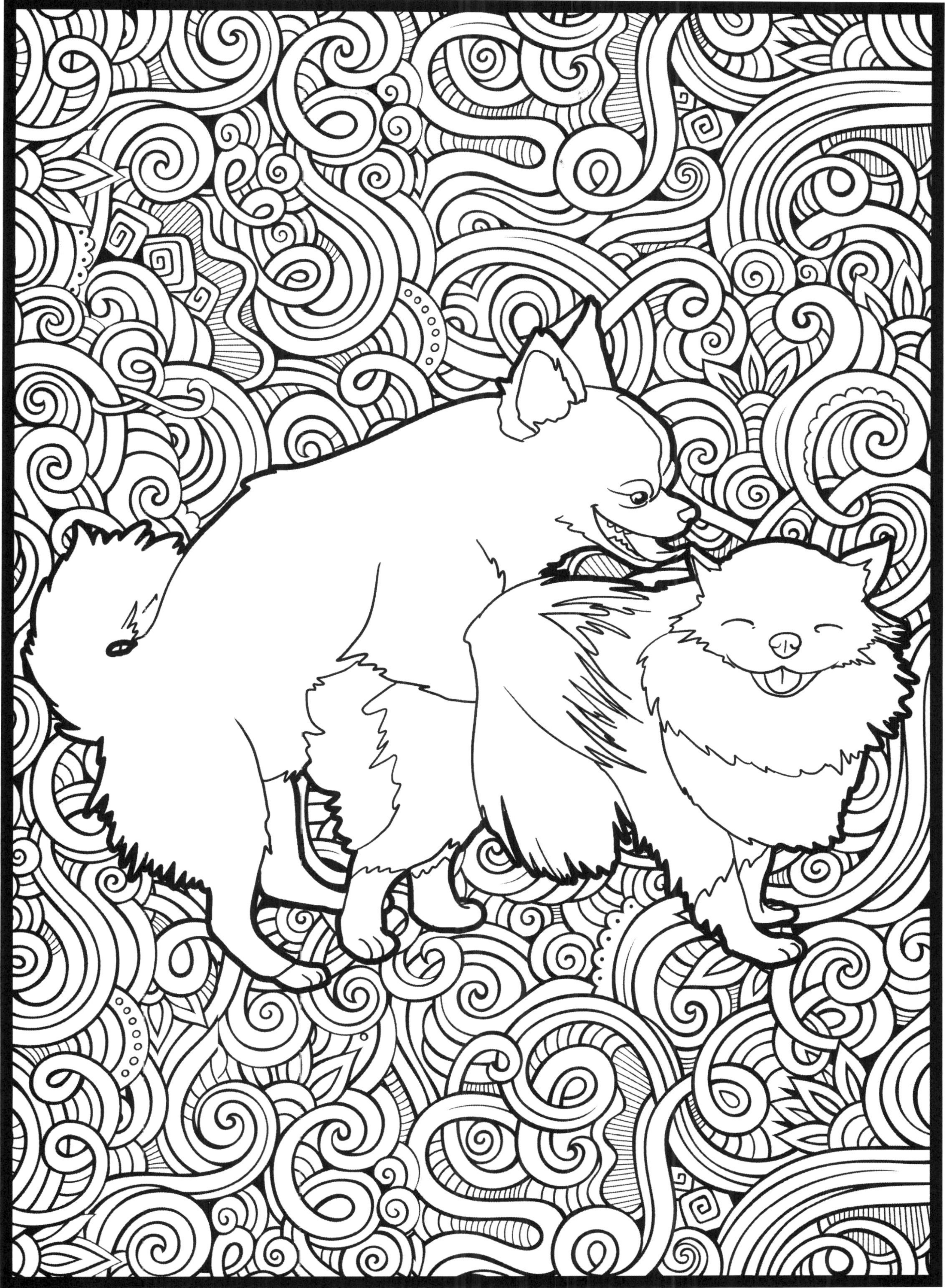

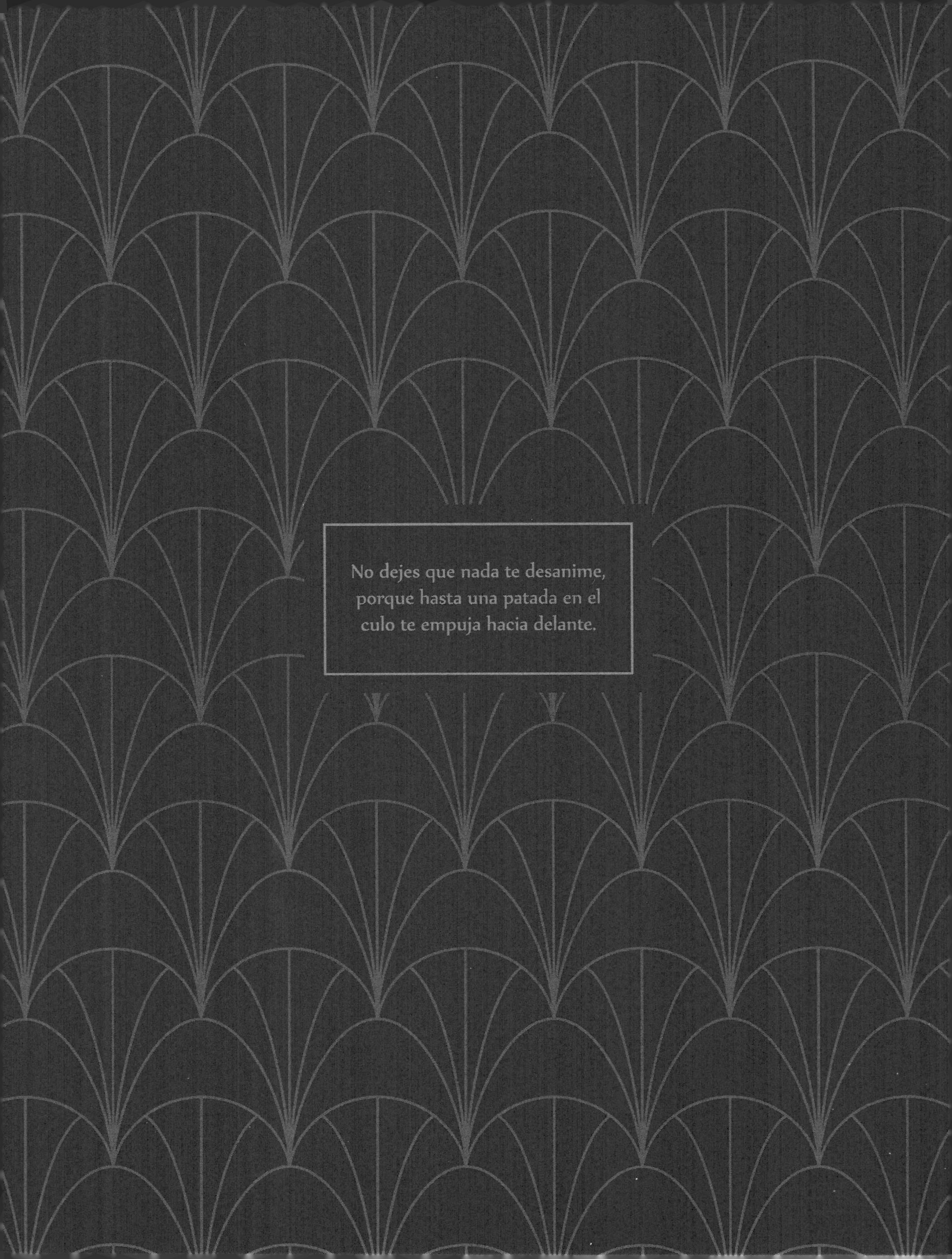
No dejes que nada te desanime,
porque hasta una patada en el
culo te empuja hacia delante.

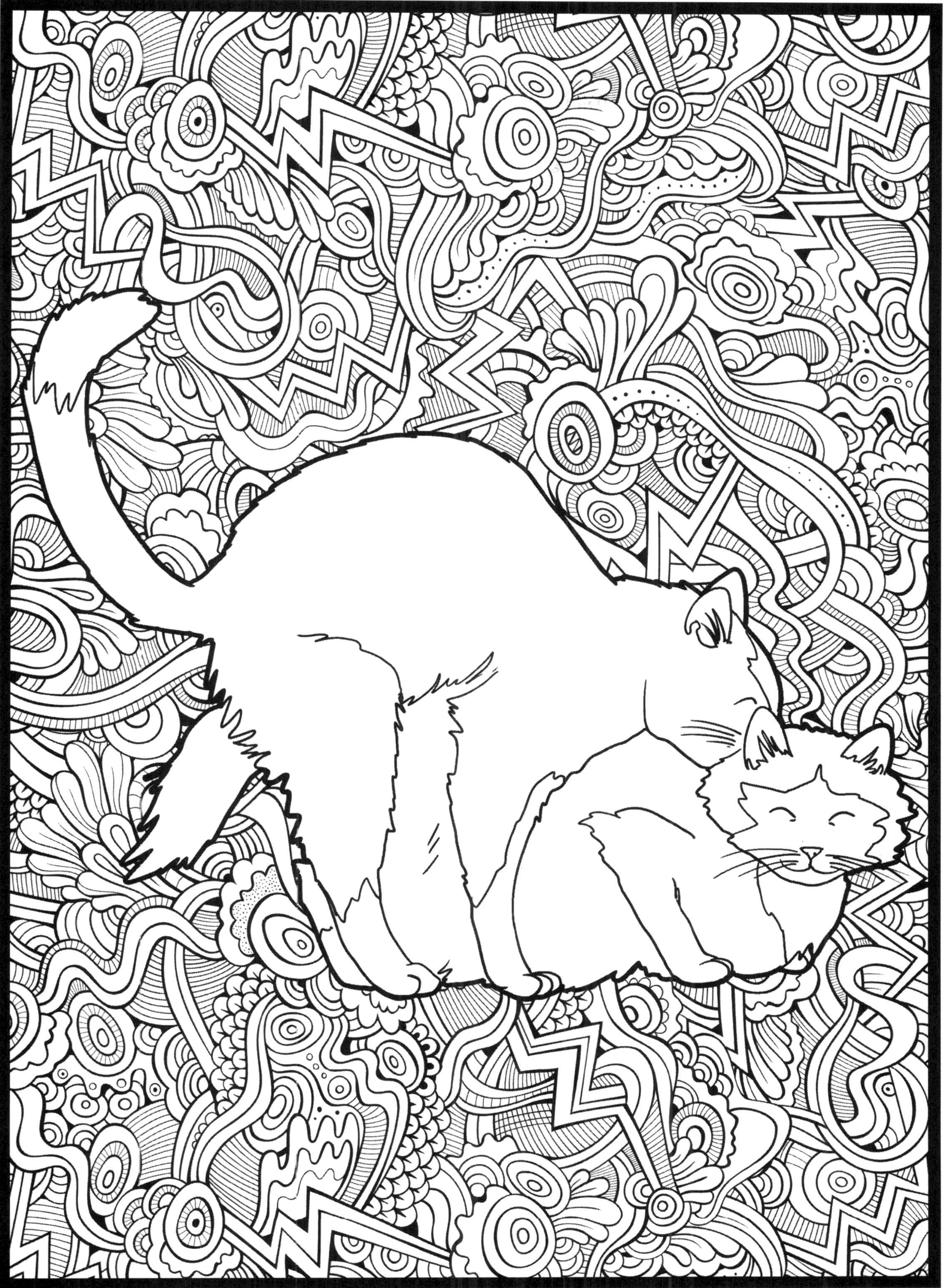

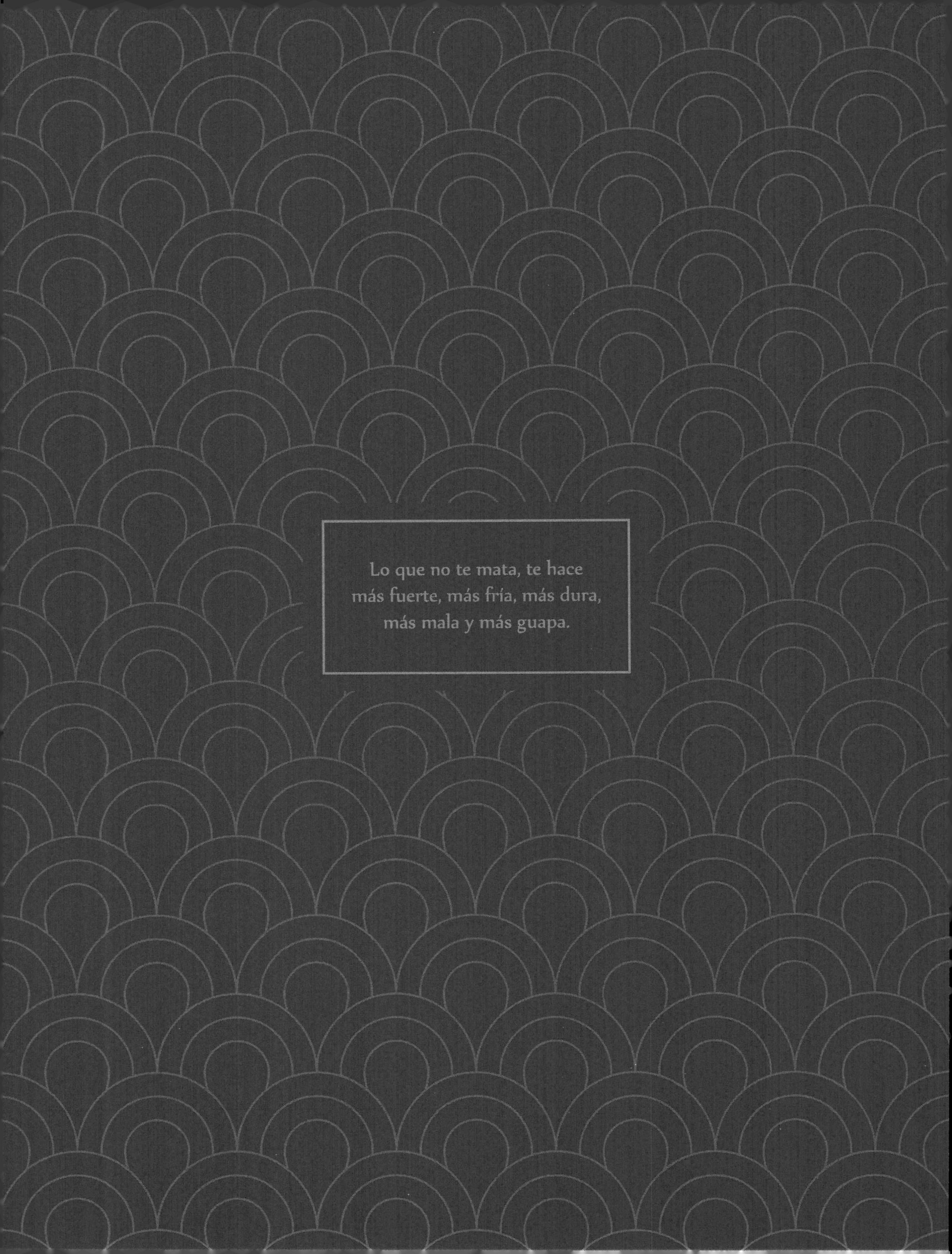
Lo que no te mata, te hace
más fuerte, más fría, más dura,
más mala y más guapa.

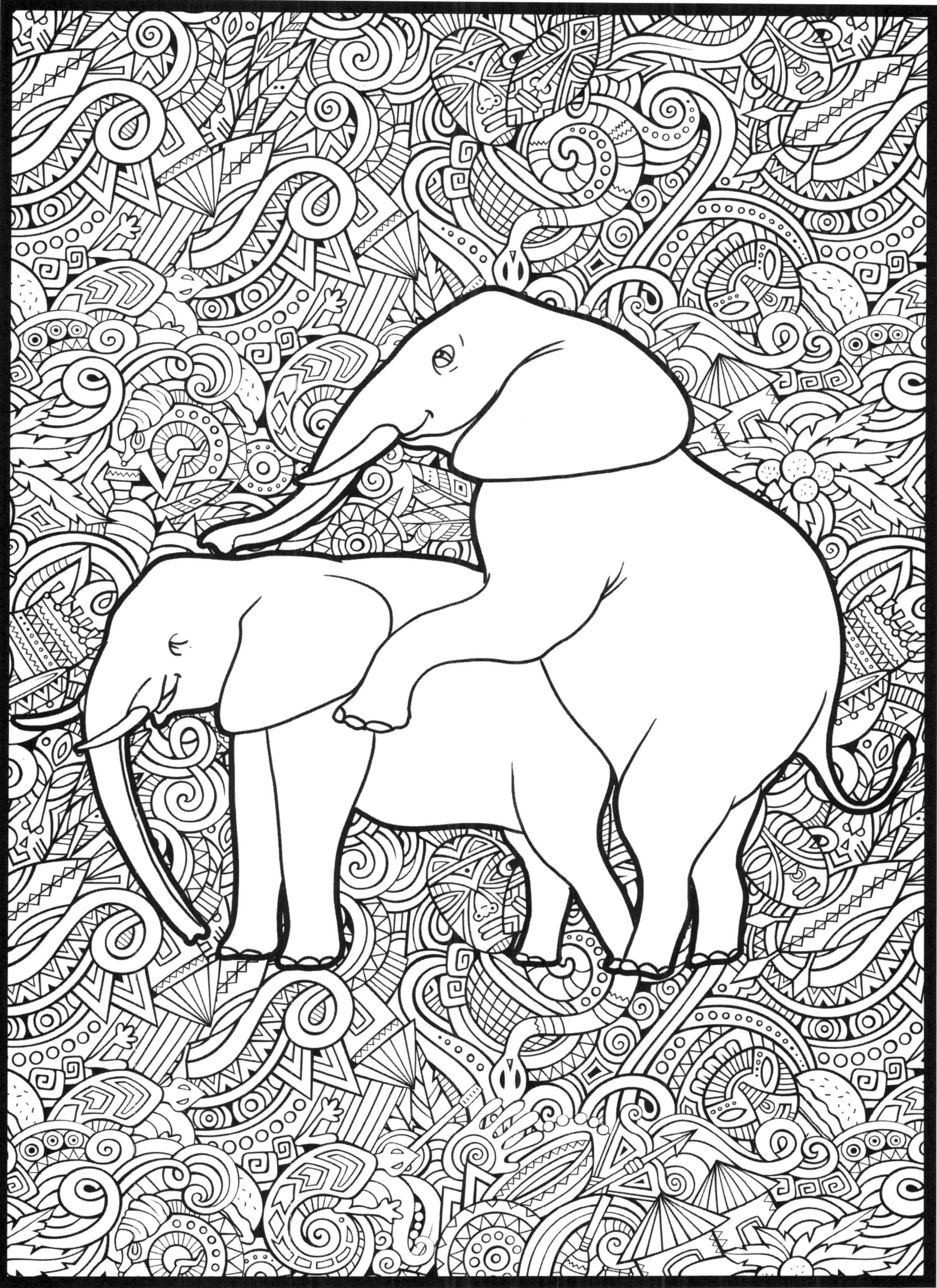

Un día intenté ser normal
y fueron los peores 5 minutos
de mi vida.

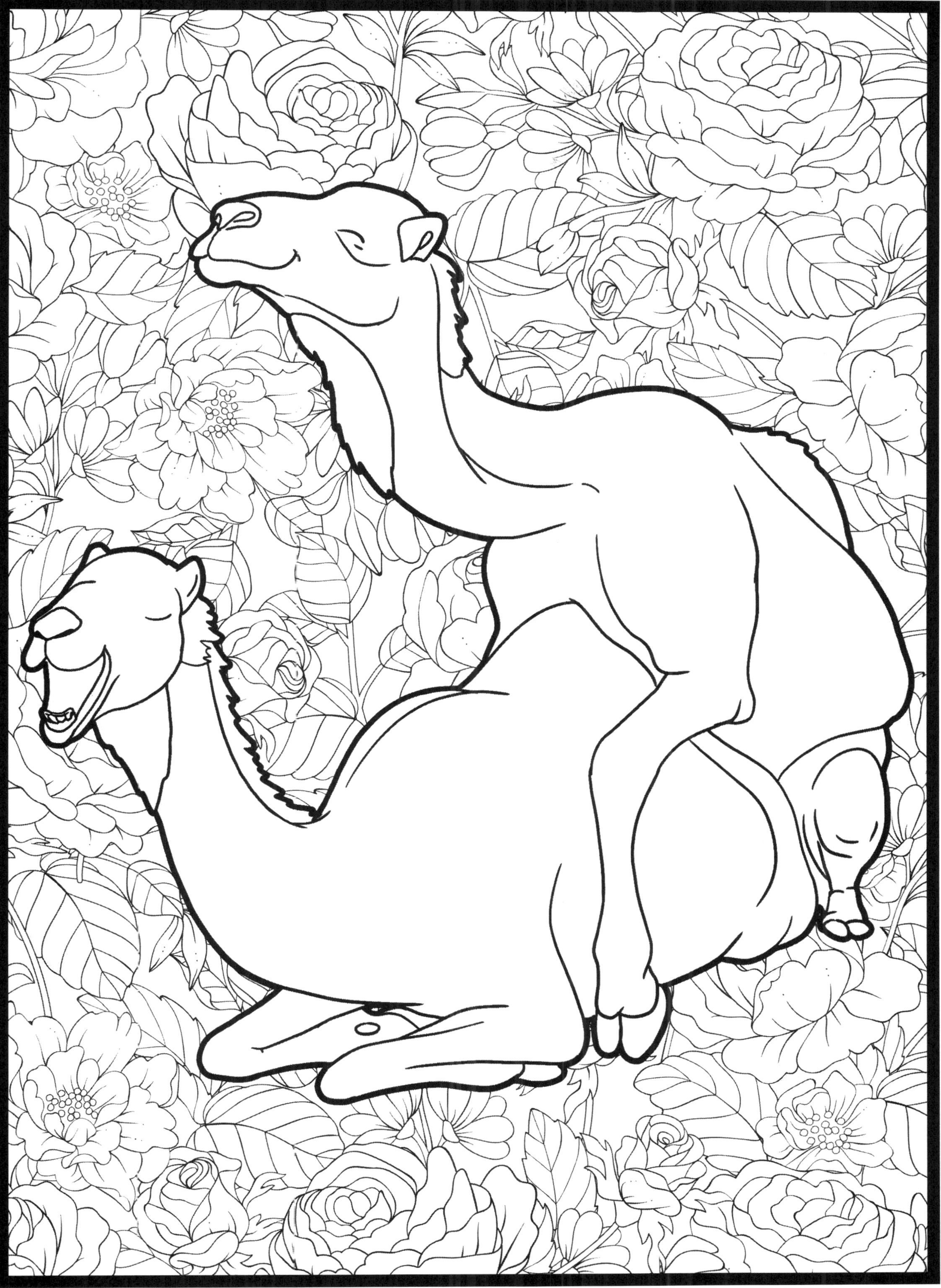

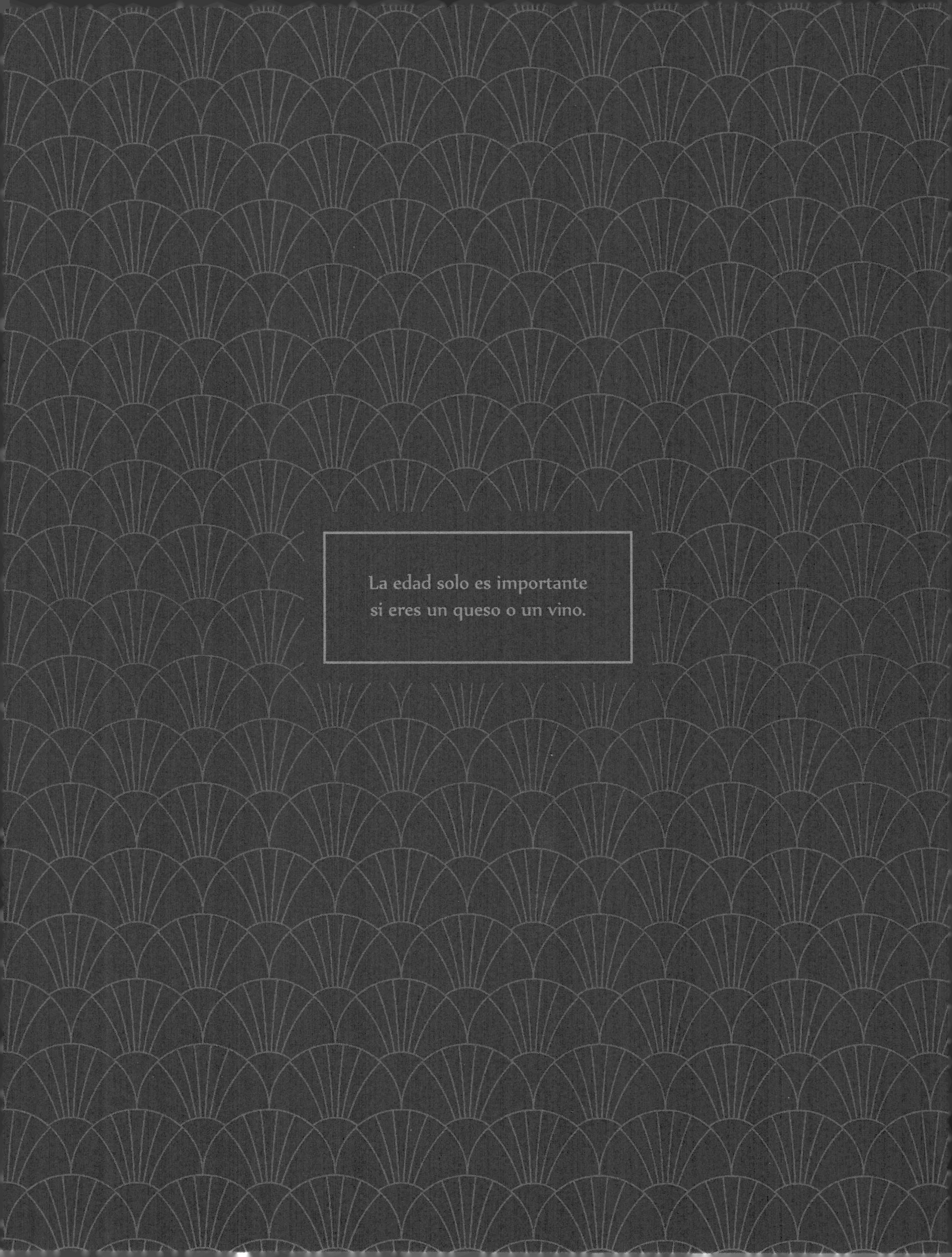

La edad solo es importante
si eres un queso o un vino.

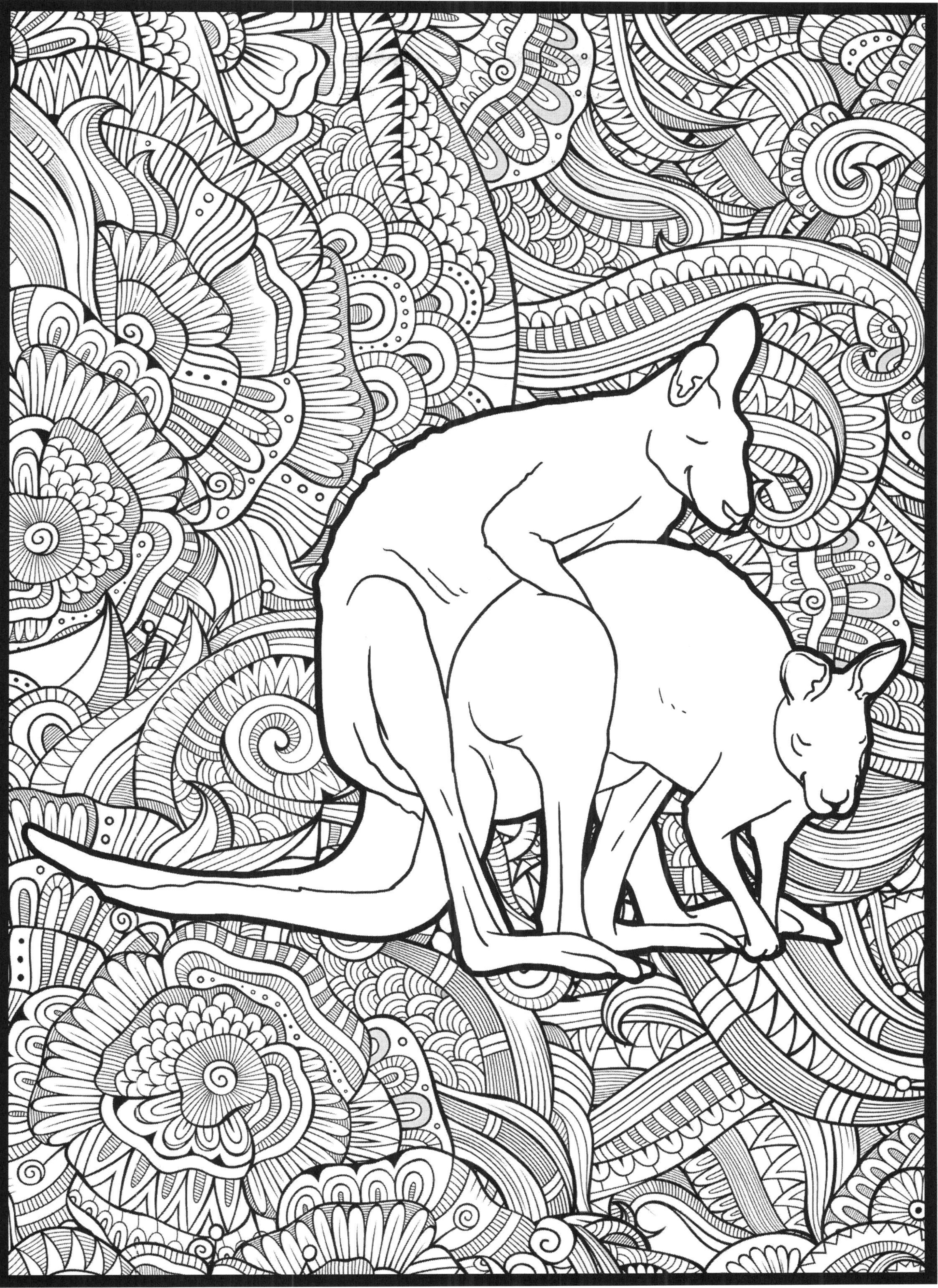

Hoy me he despertado con
las pilas puestas. Lo malo
es que están gastadas.

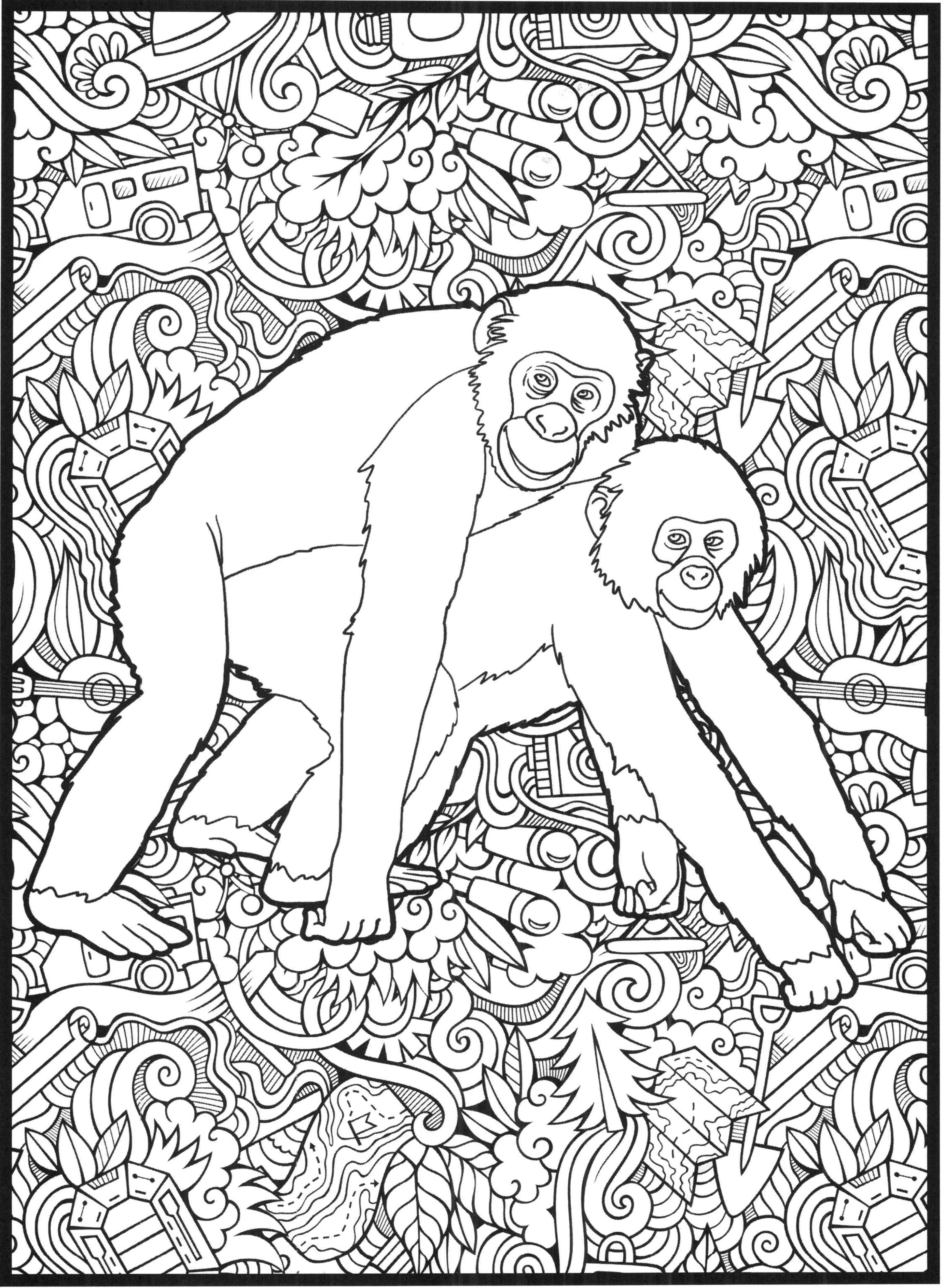

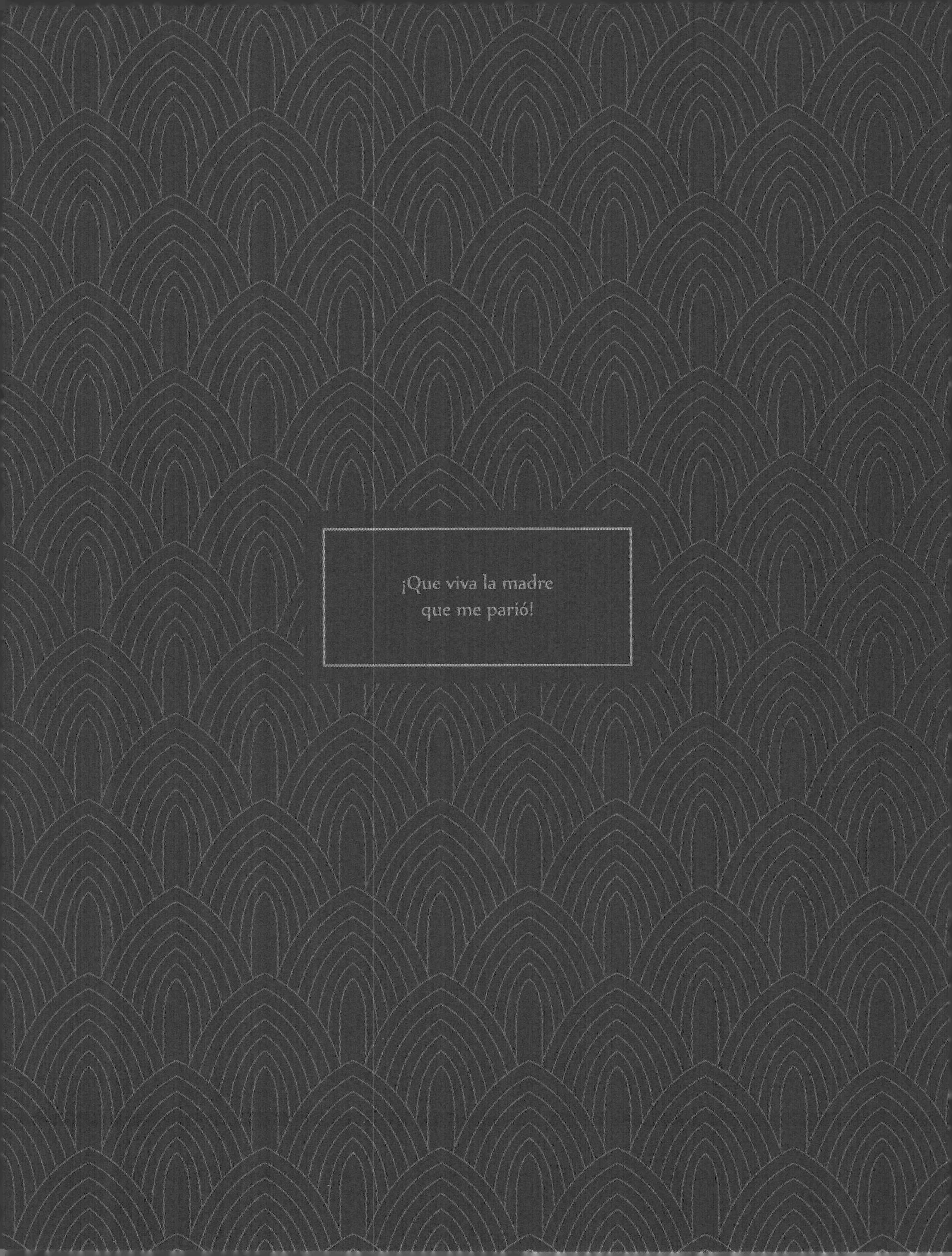
¡Que viva la madre
que me parió!

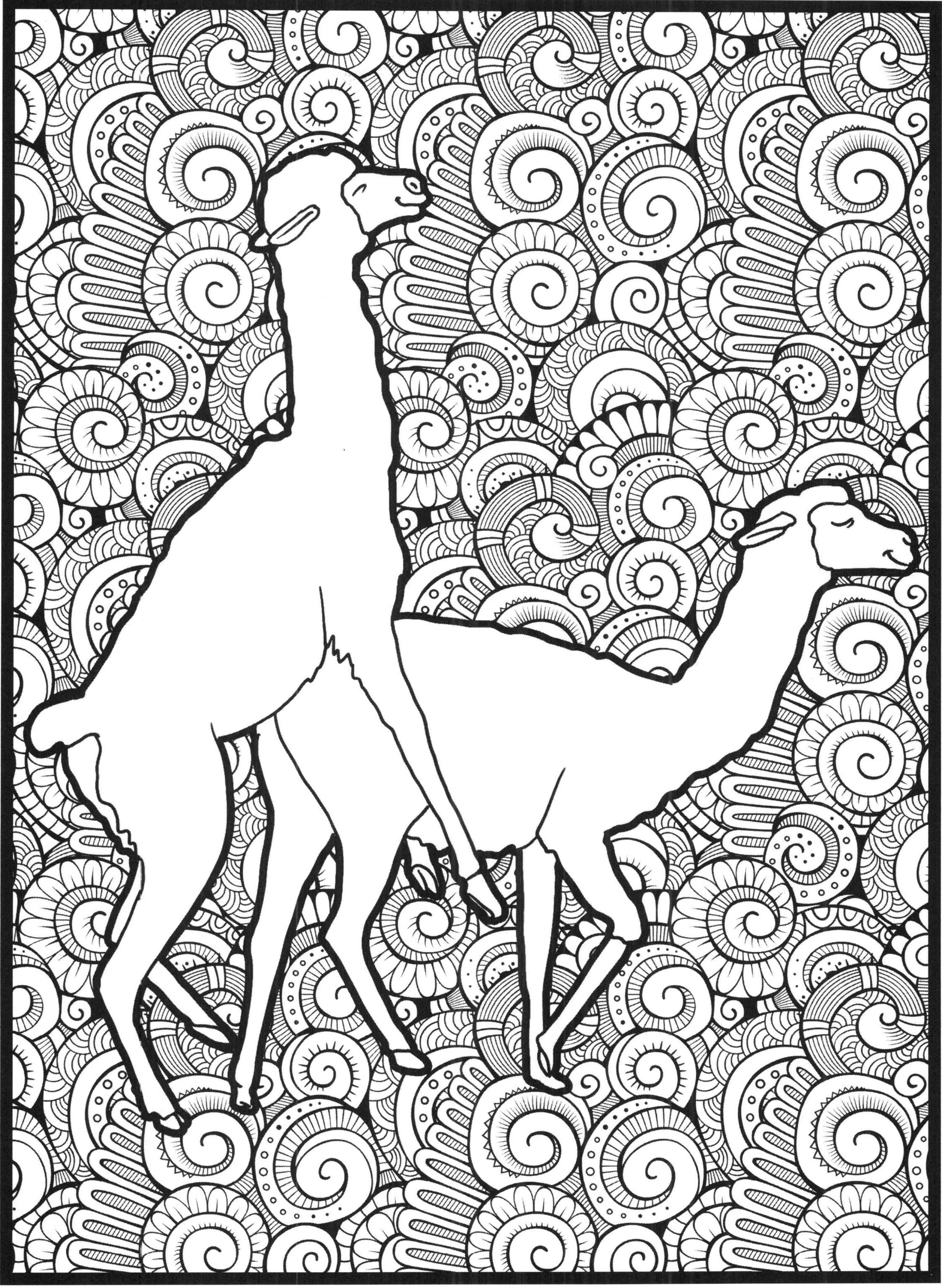

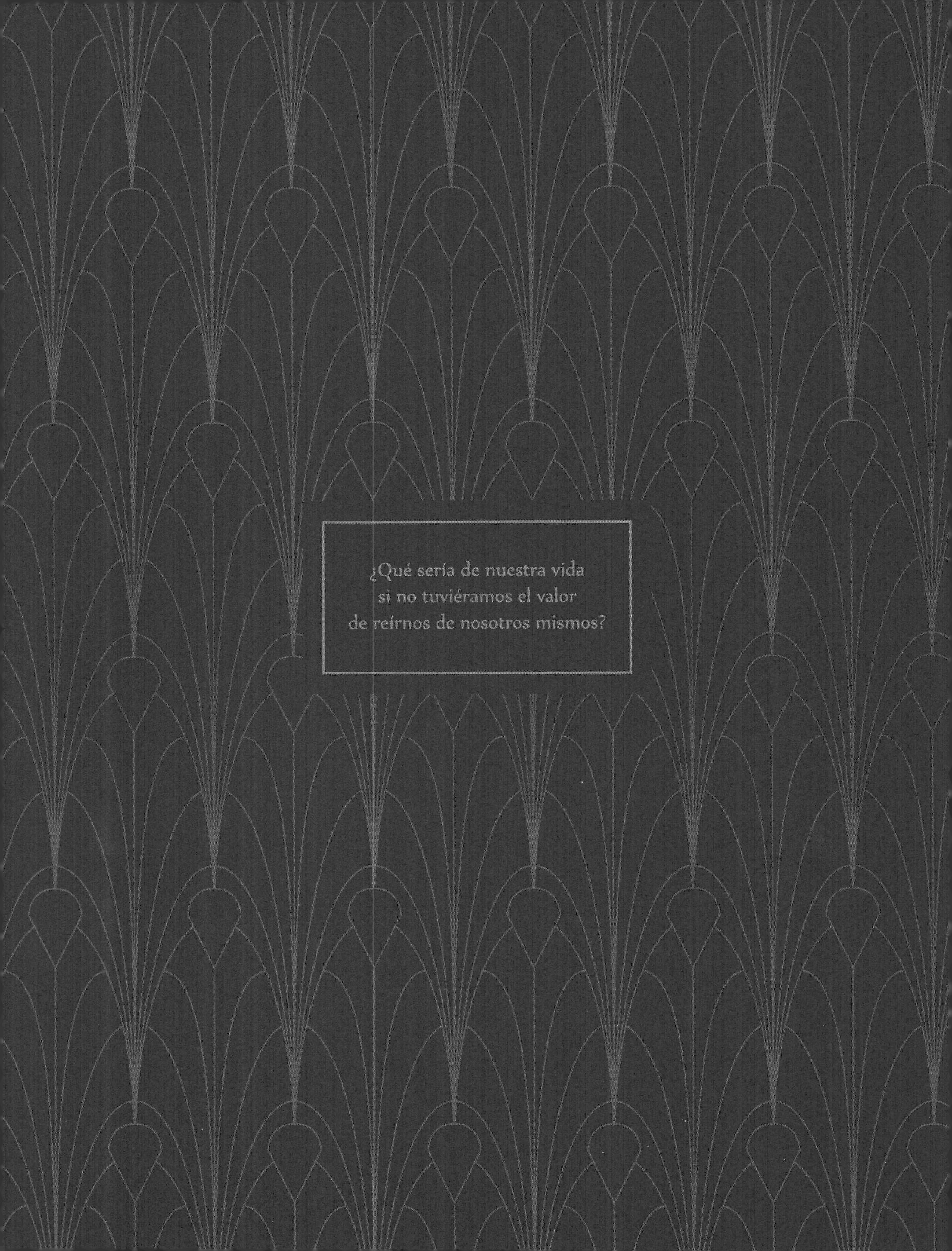

¿Qué sería de nuestra vida
si no tuviéramos el valor
de reírnos de nosotros mismos?

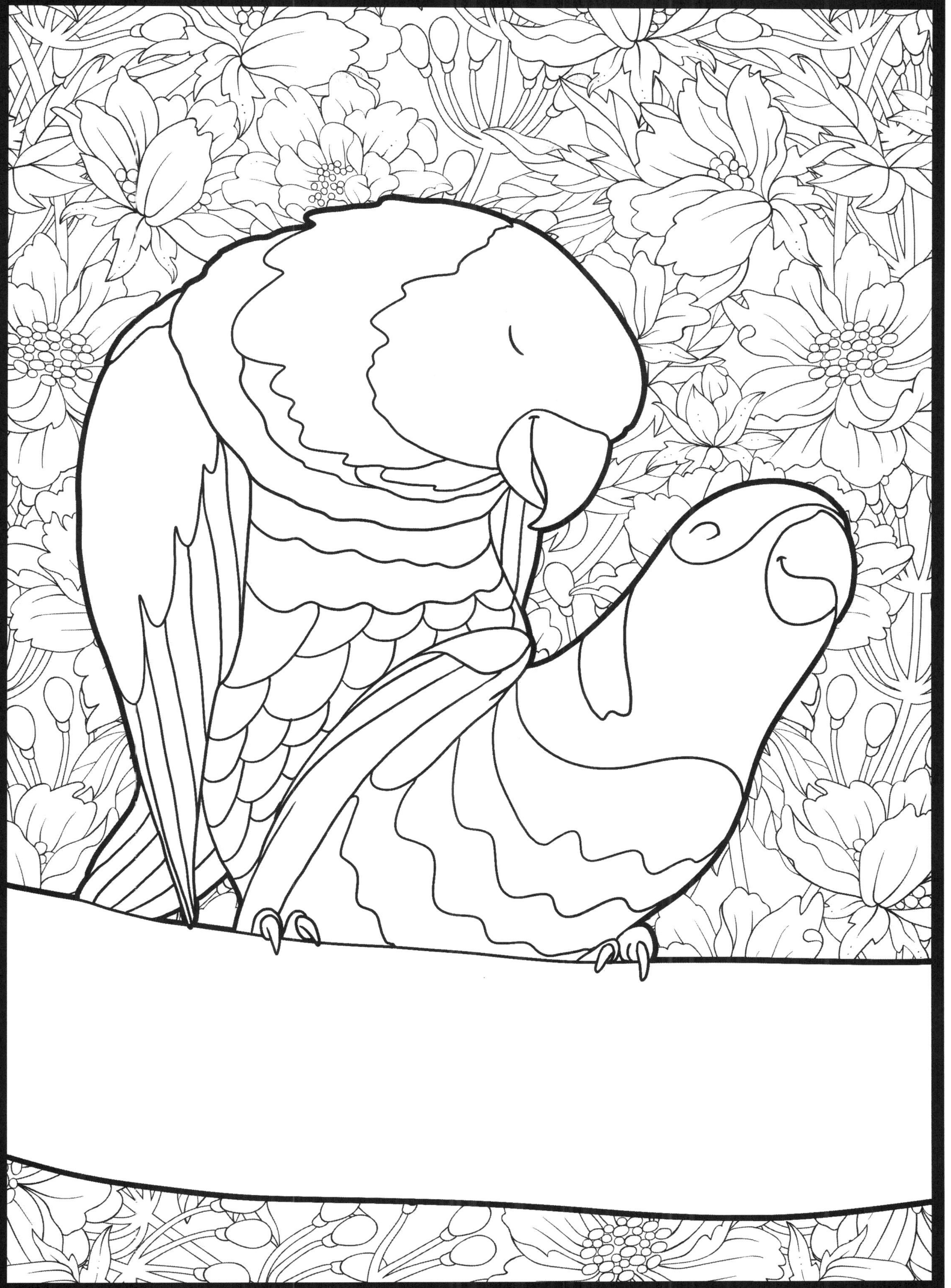

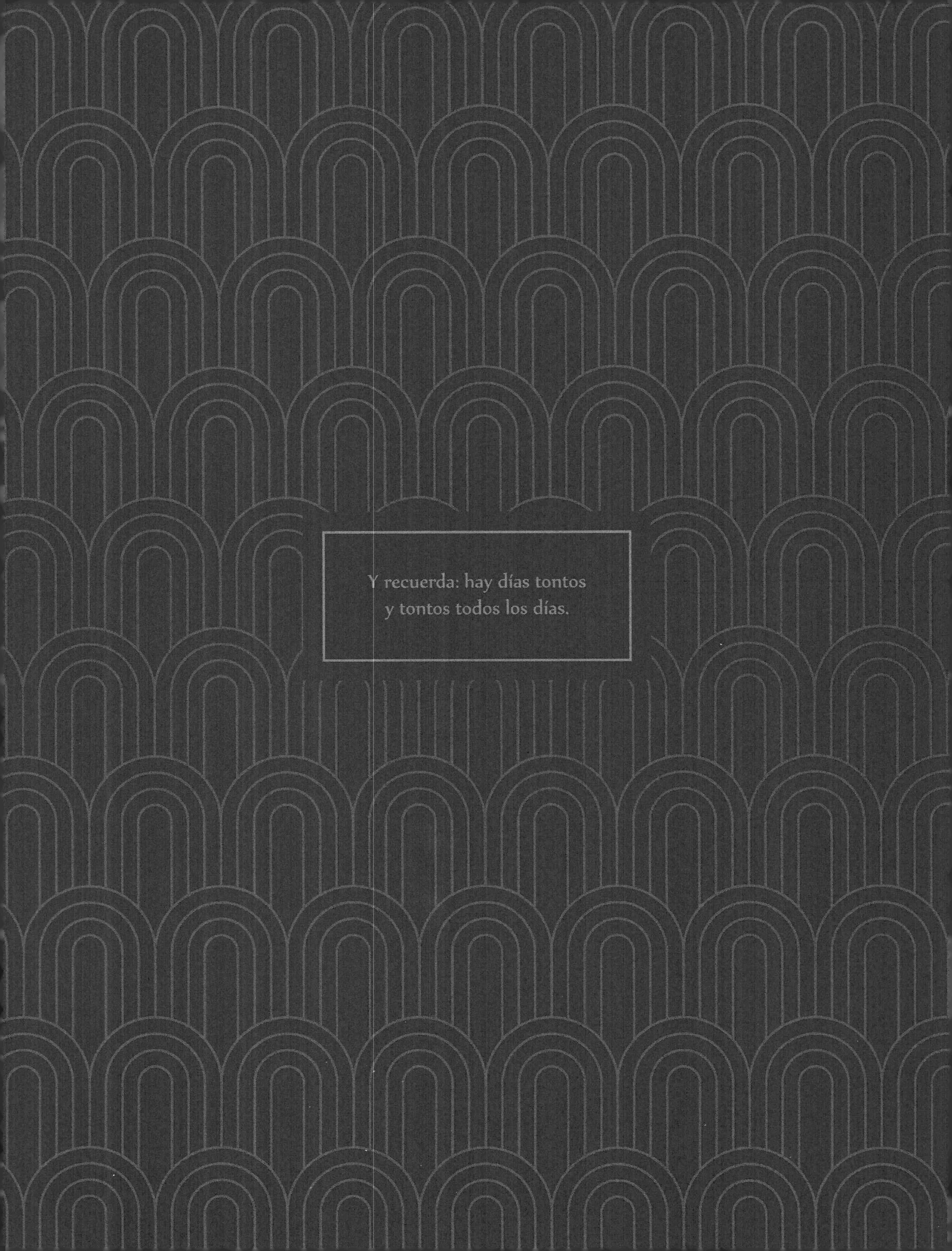
Y recuerda: hay días tontos
y tontos todos los días.

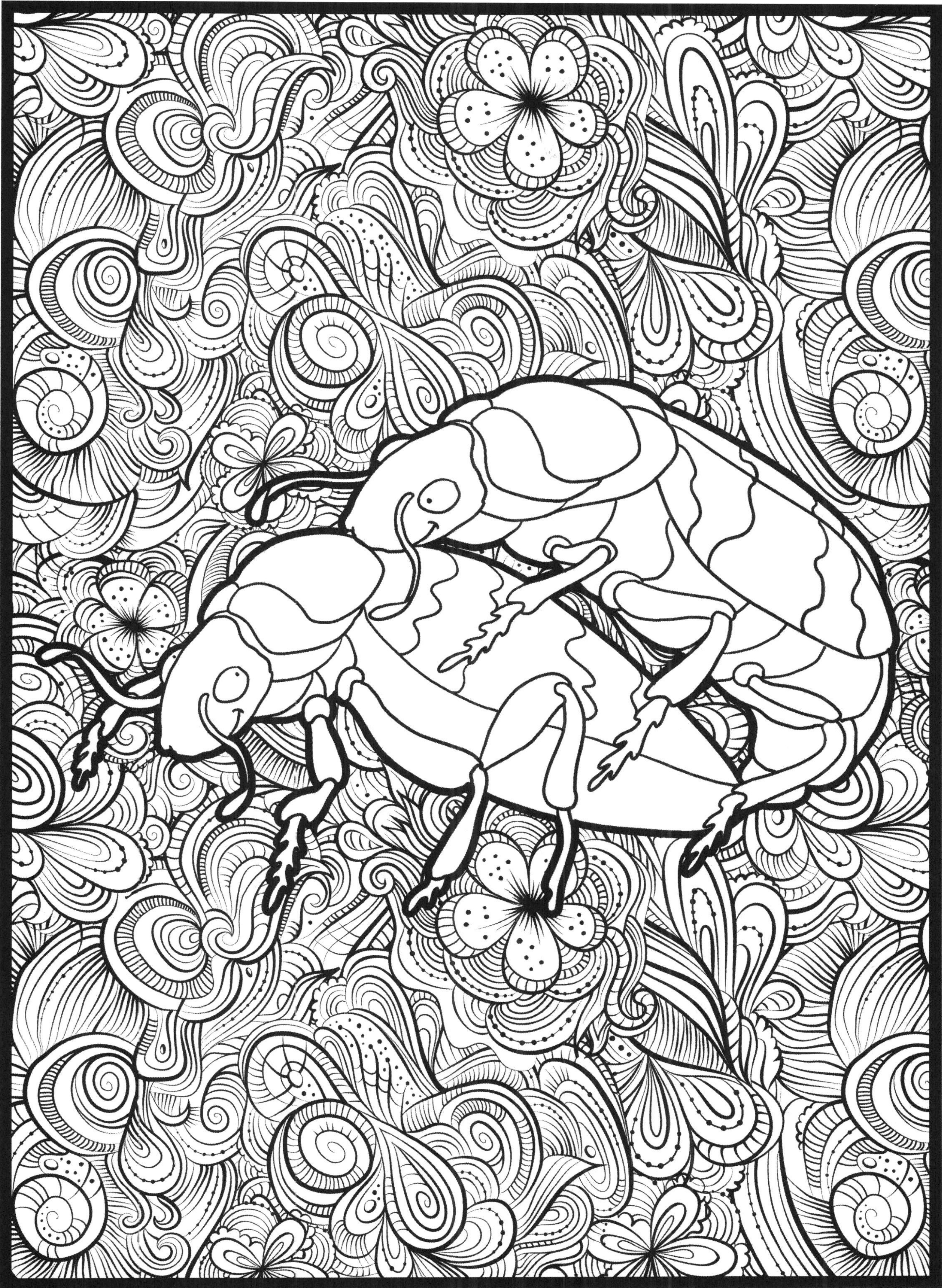

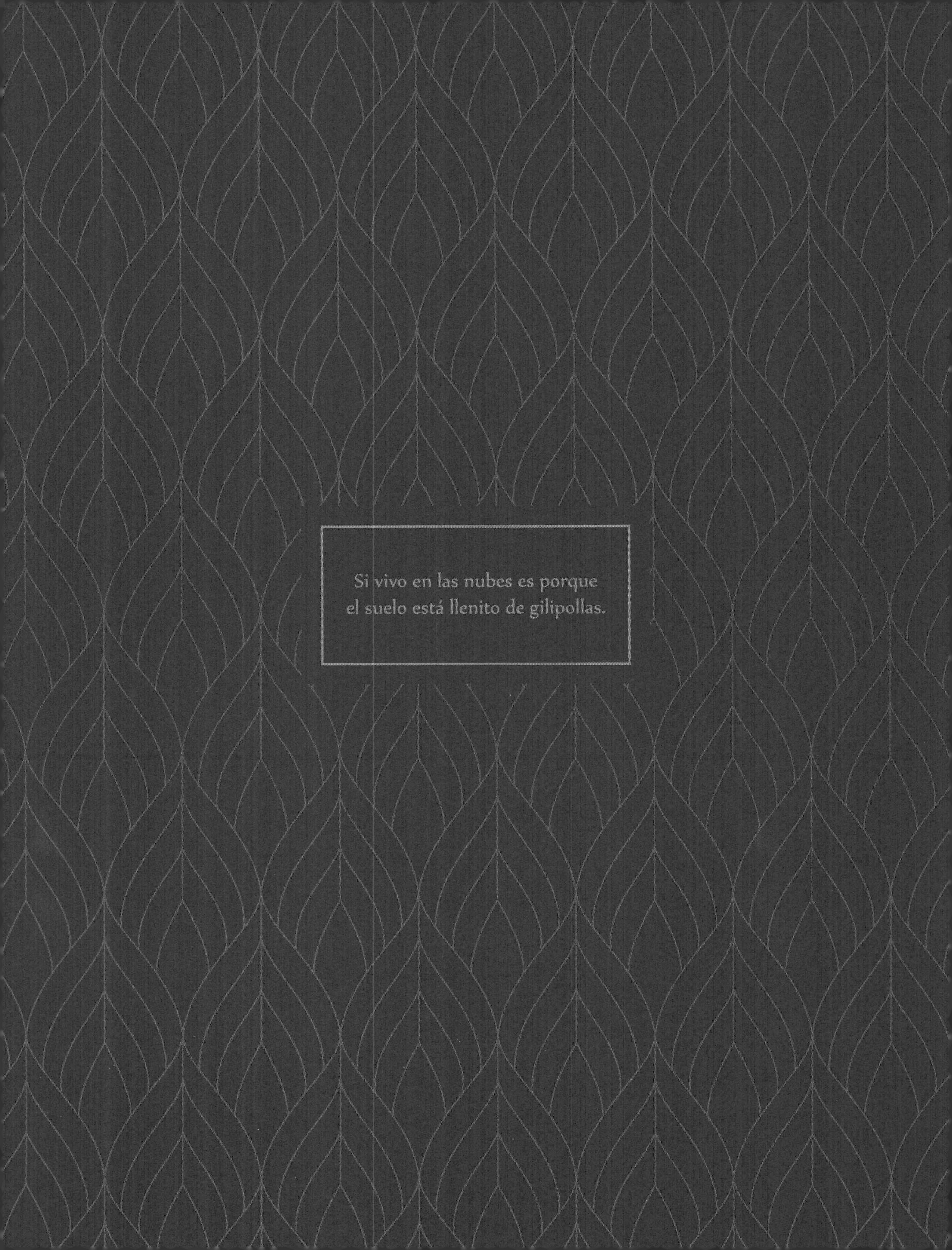

Si vivo en las nubes es porque
el suelo está llenito de gilipollas.

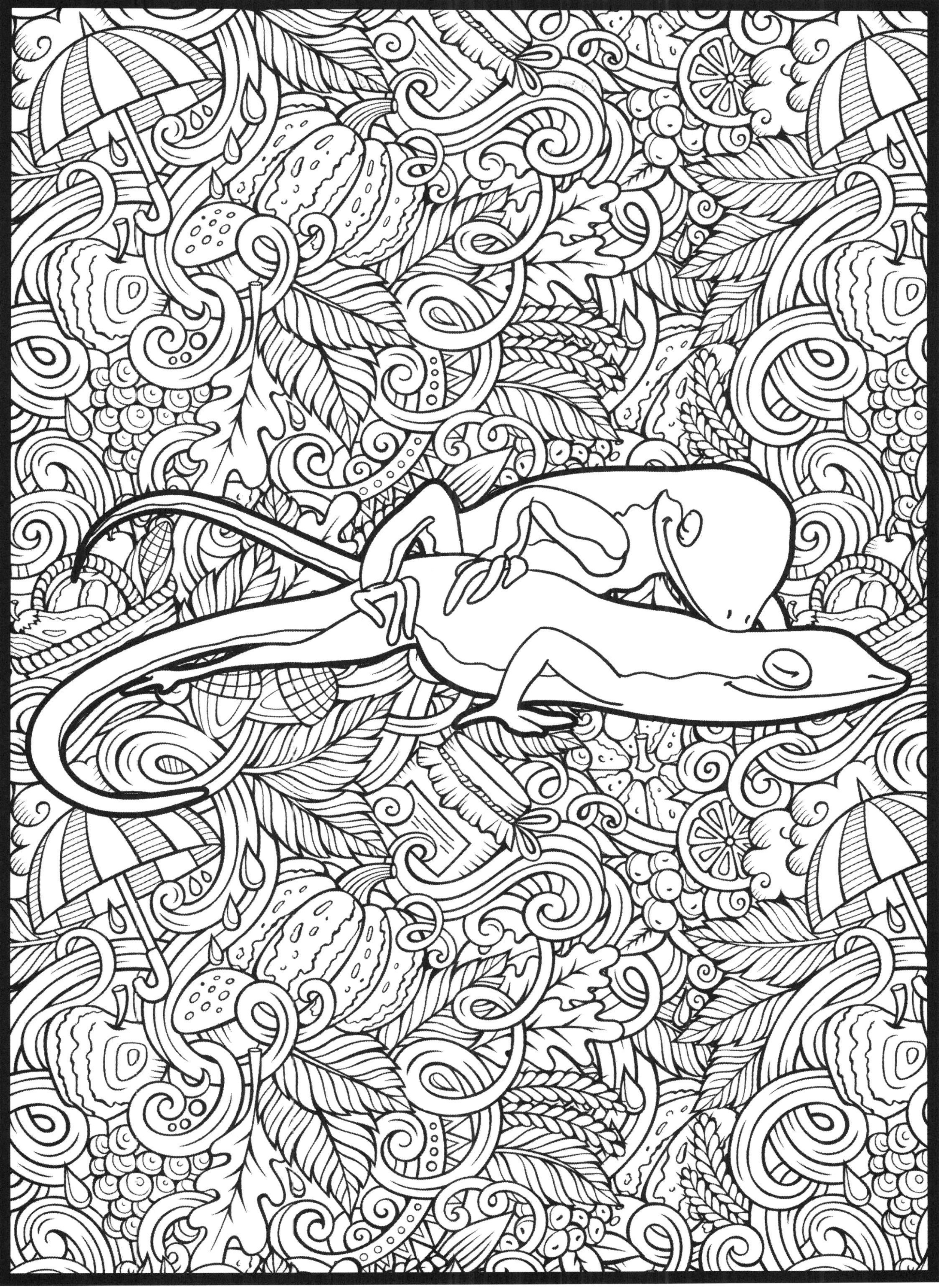

No son ojeras, son ideas
acumuladas debajo de mis ojos.

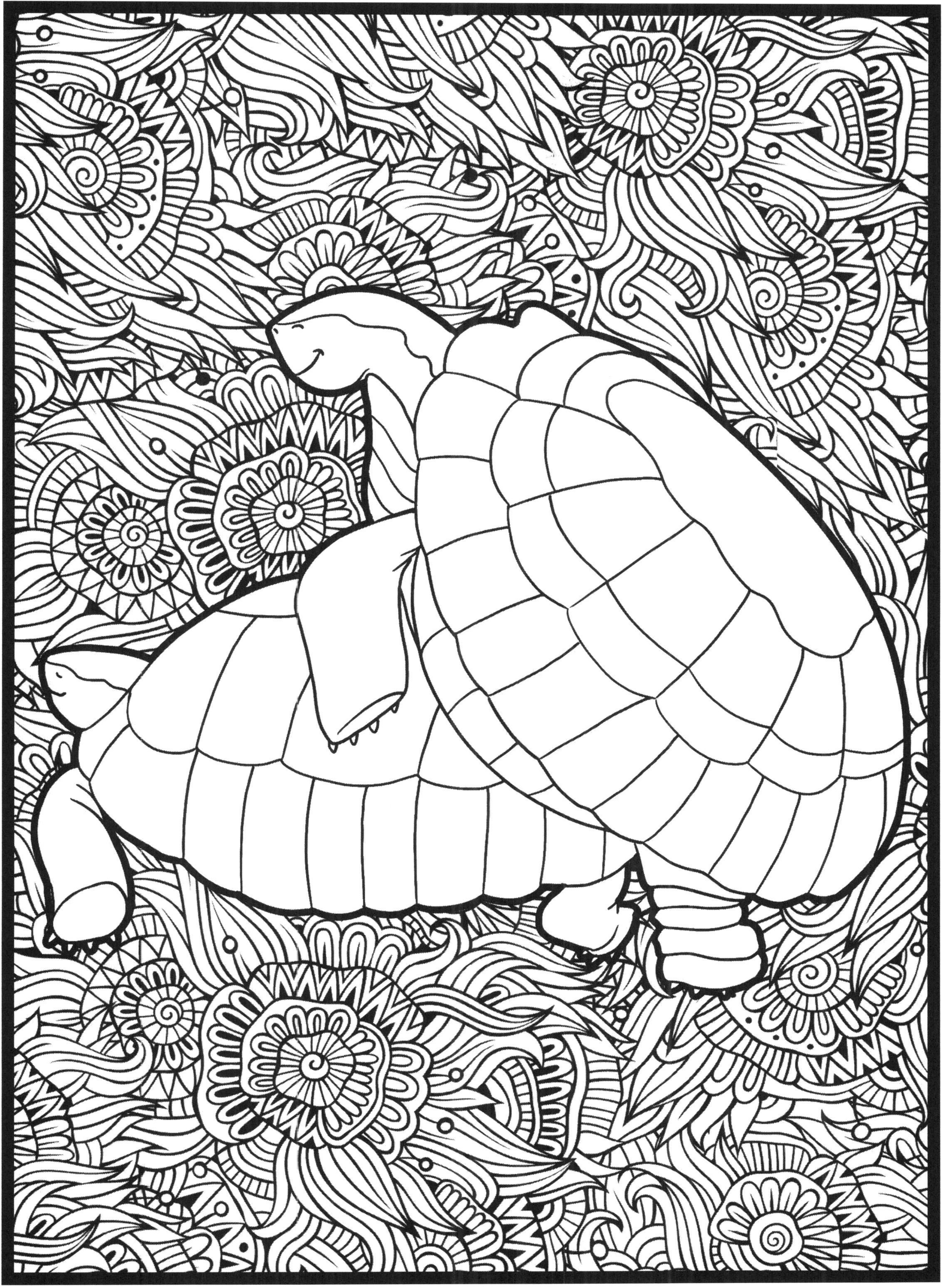

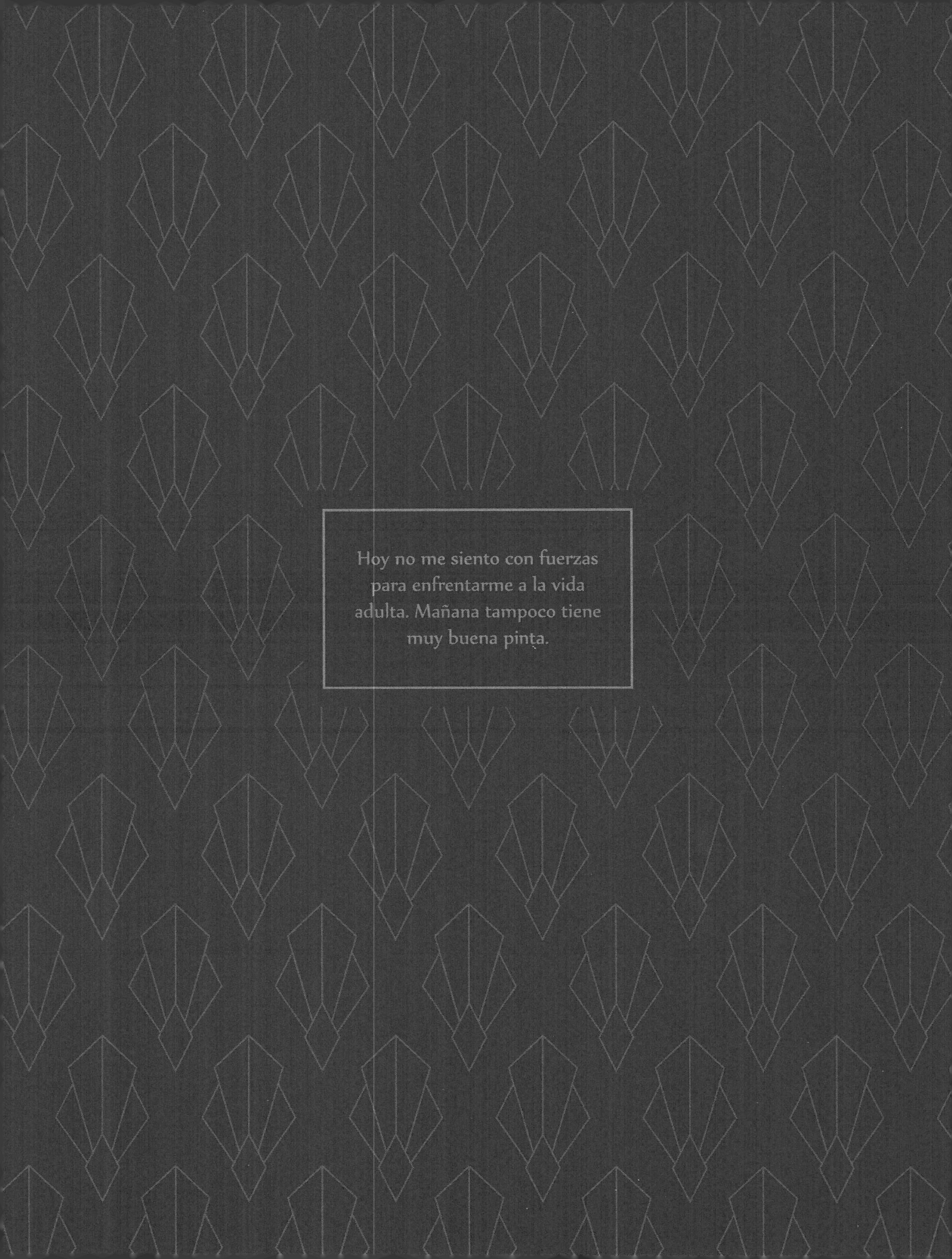

Hoy no me siento con fuerzas
para enfrentarme a la vida
adulta. Mañana tampoco tiene
muy buena pinta.

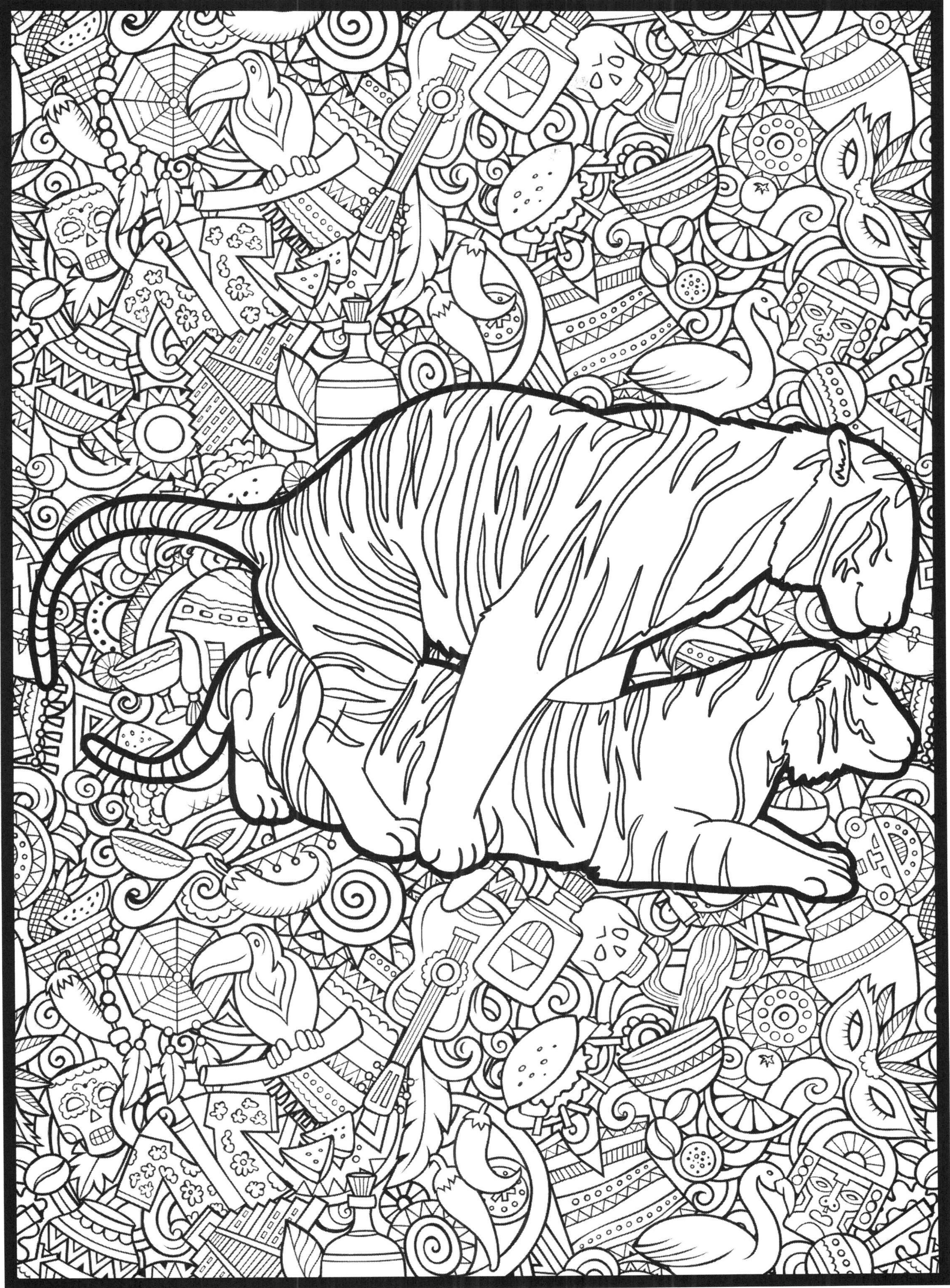

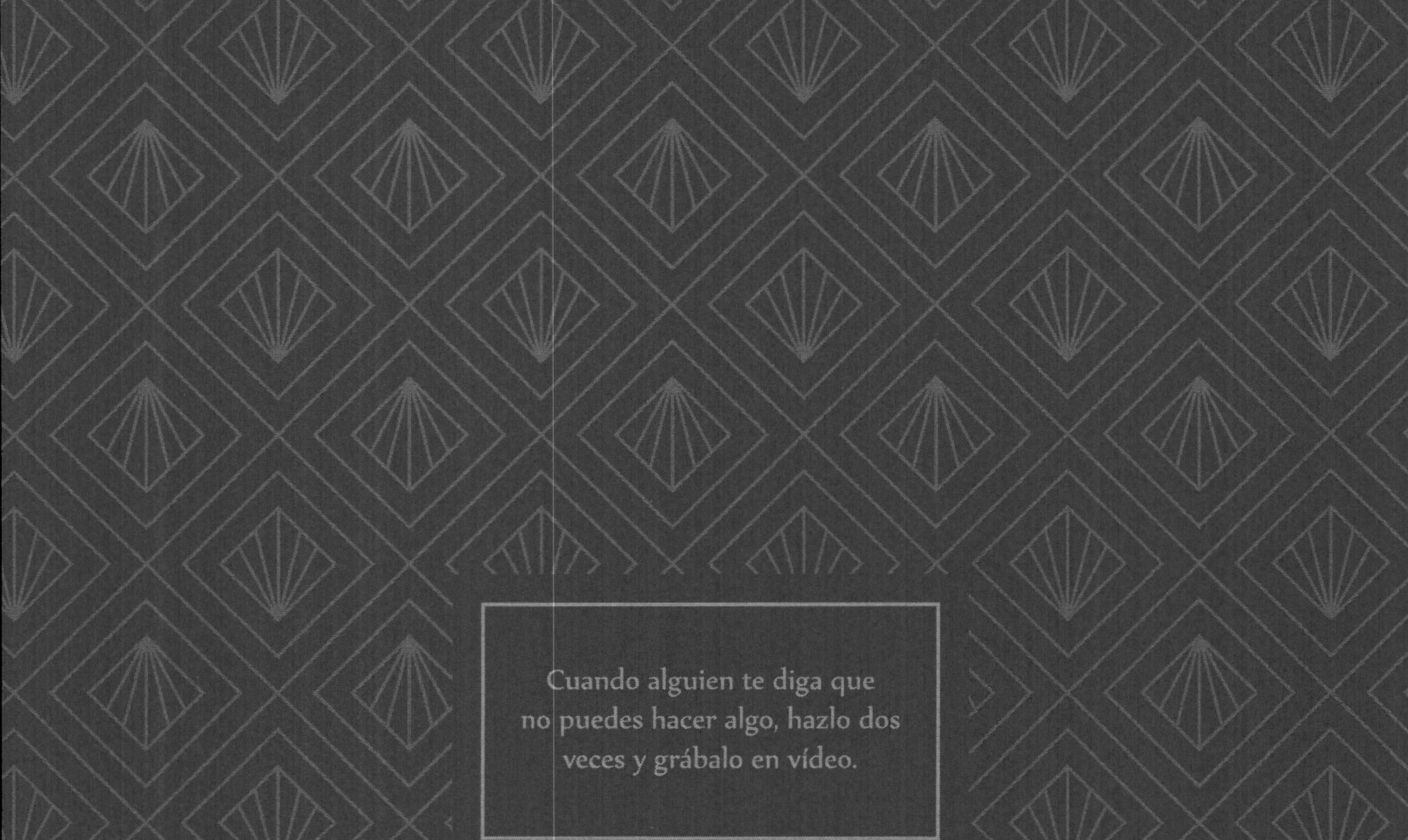

Cuando alguien te diga que
no puedes hacer algo, hazlo dos
veces y grábalo en vídeo.

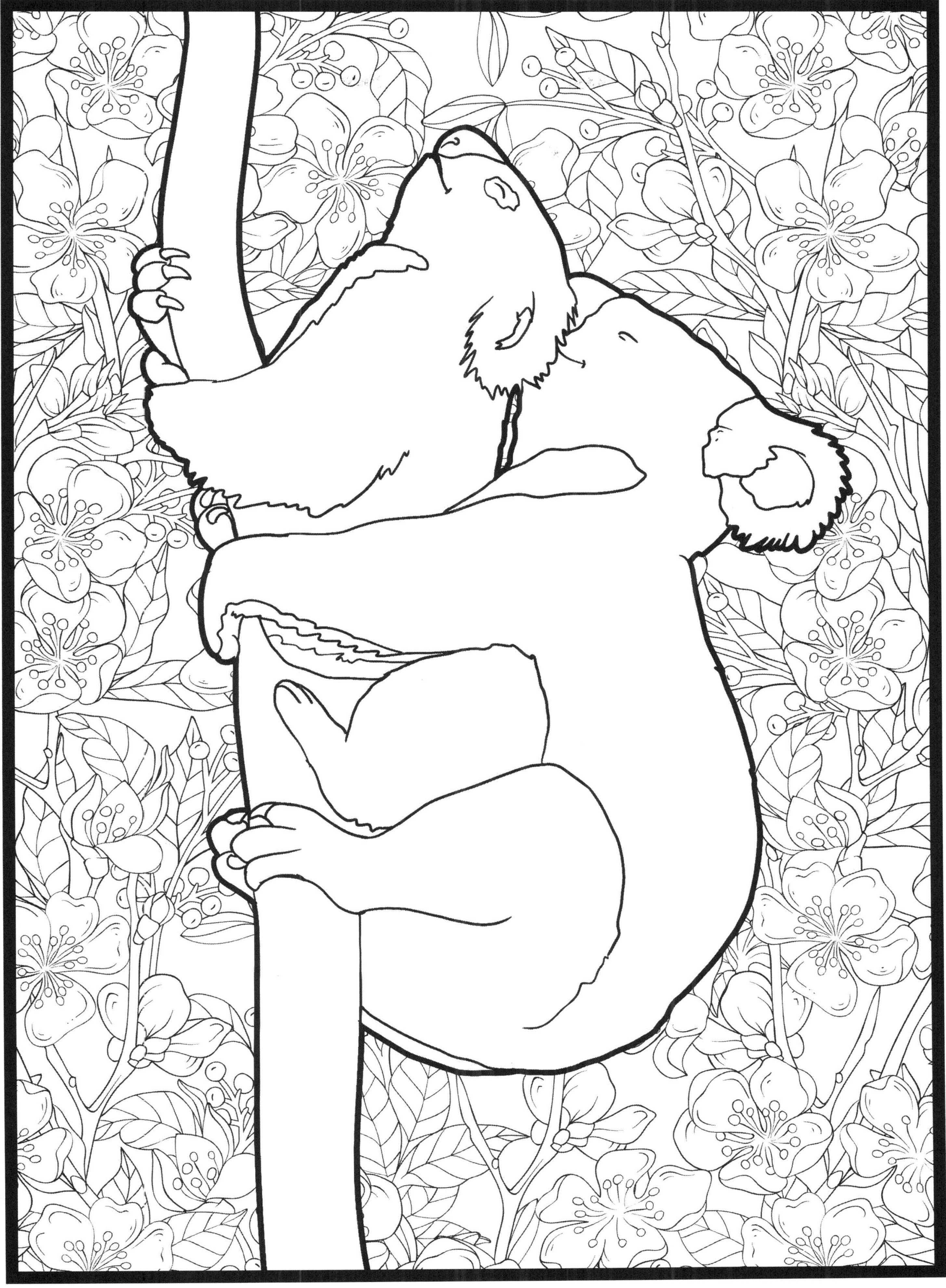

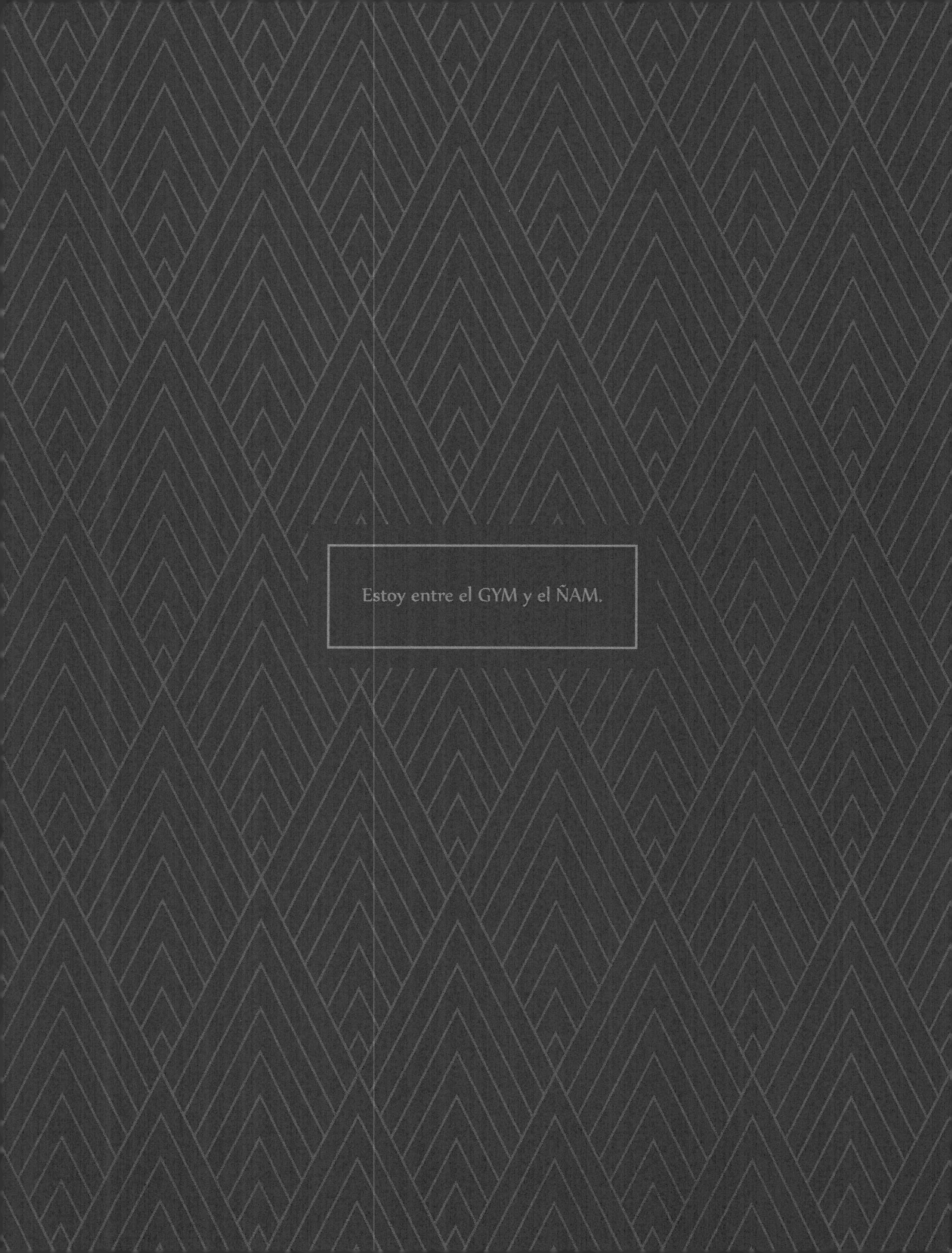
Estoy entre el GYM y el ÑAM.

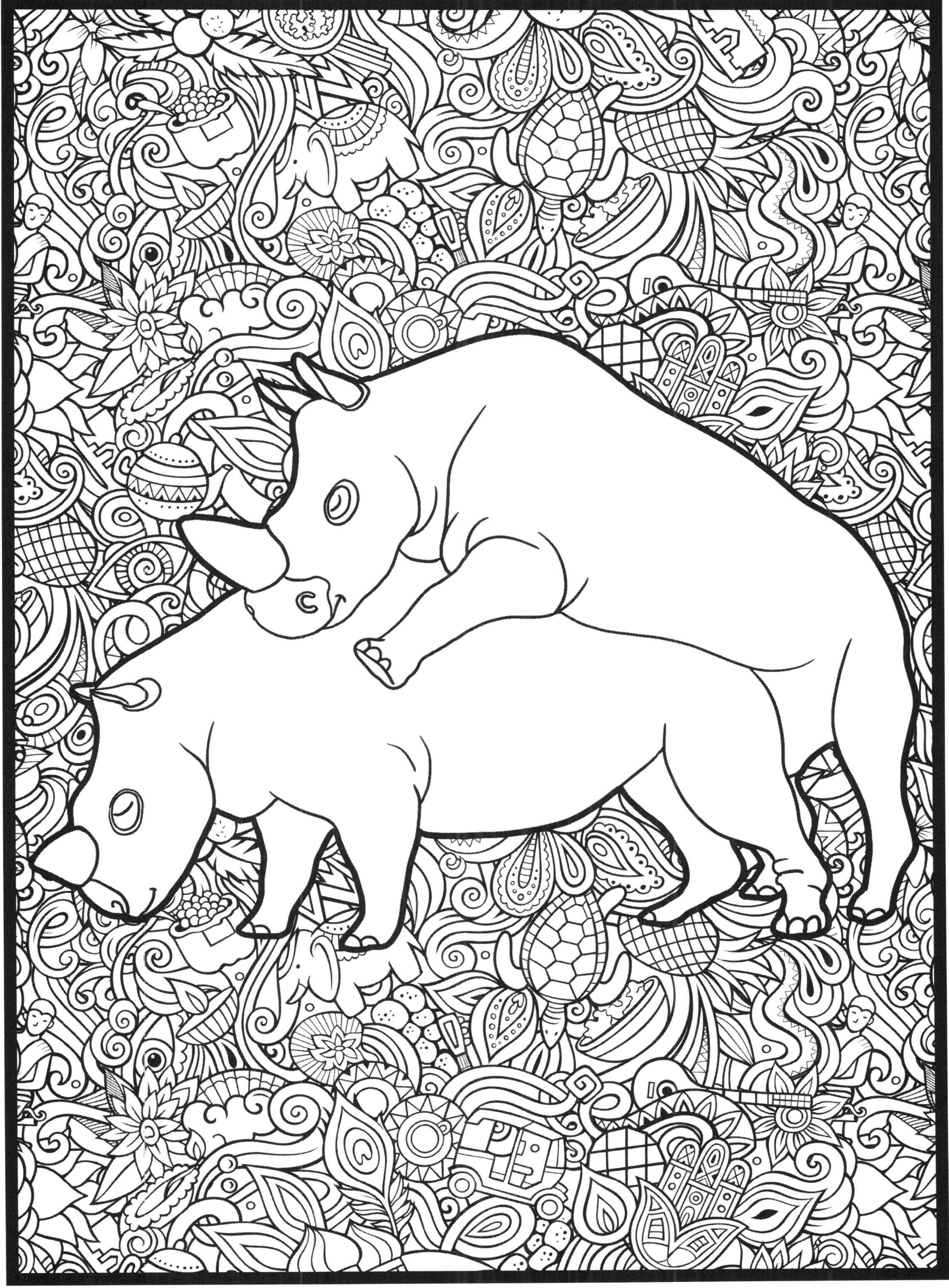

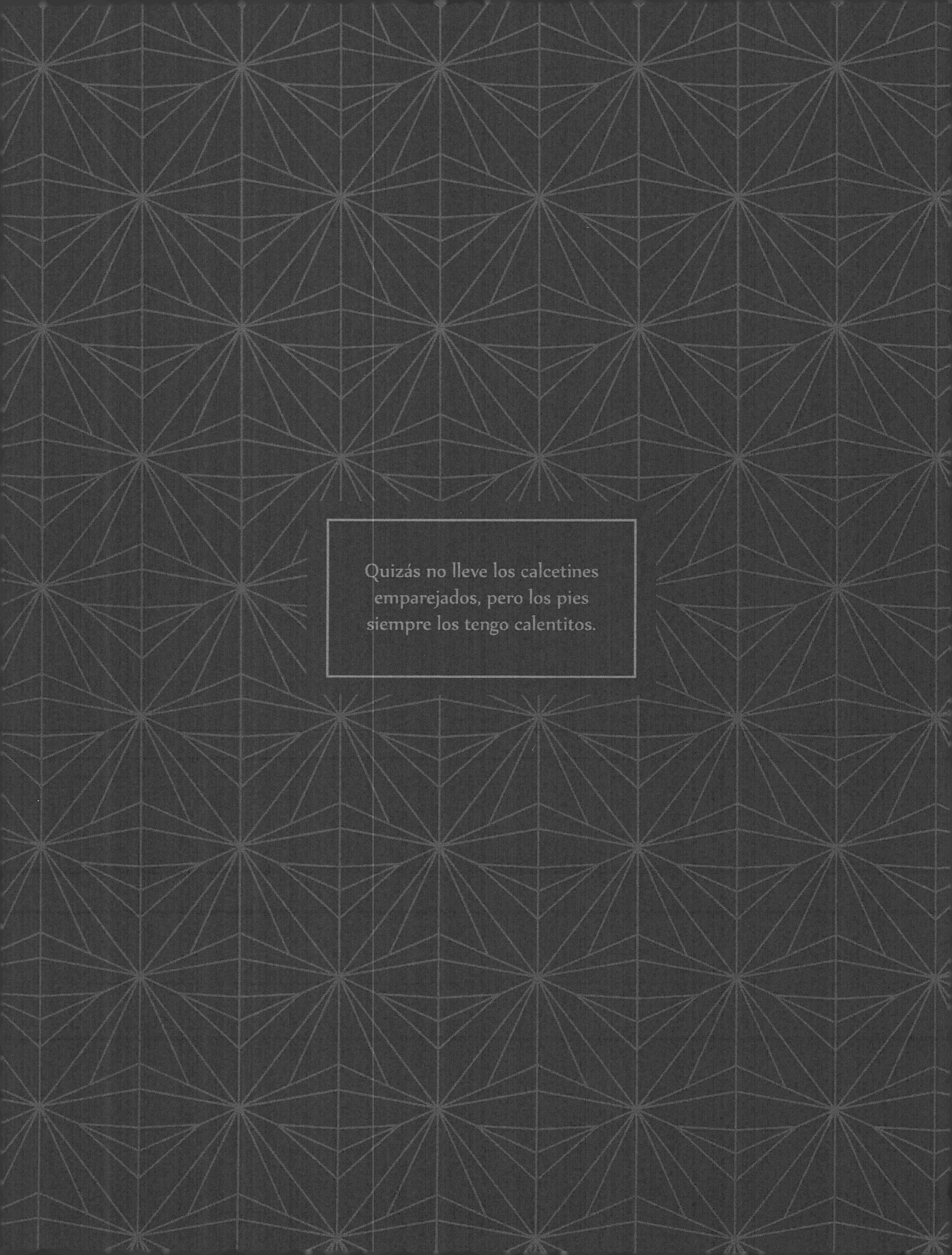

Quizás no lleve los calcetines
emparejados, pero los pies
siempre los tengo calentitos.

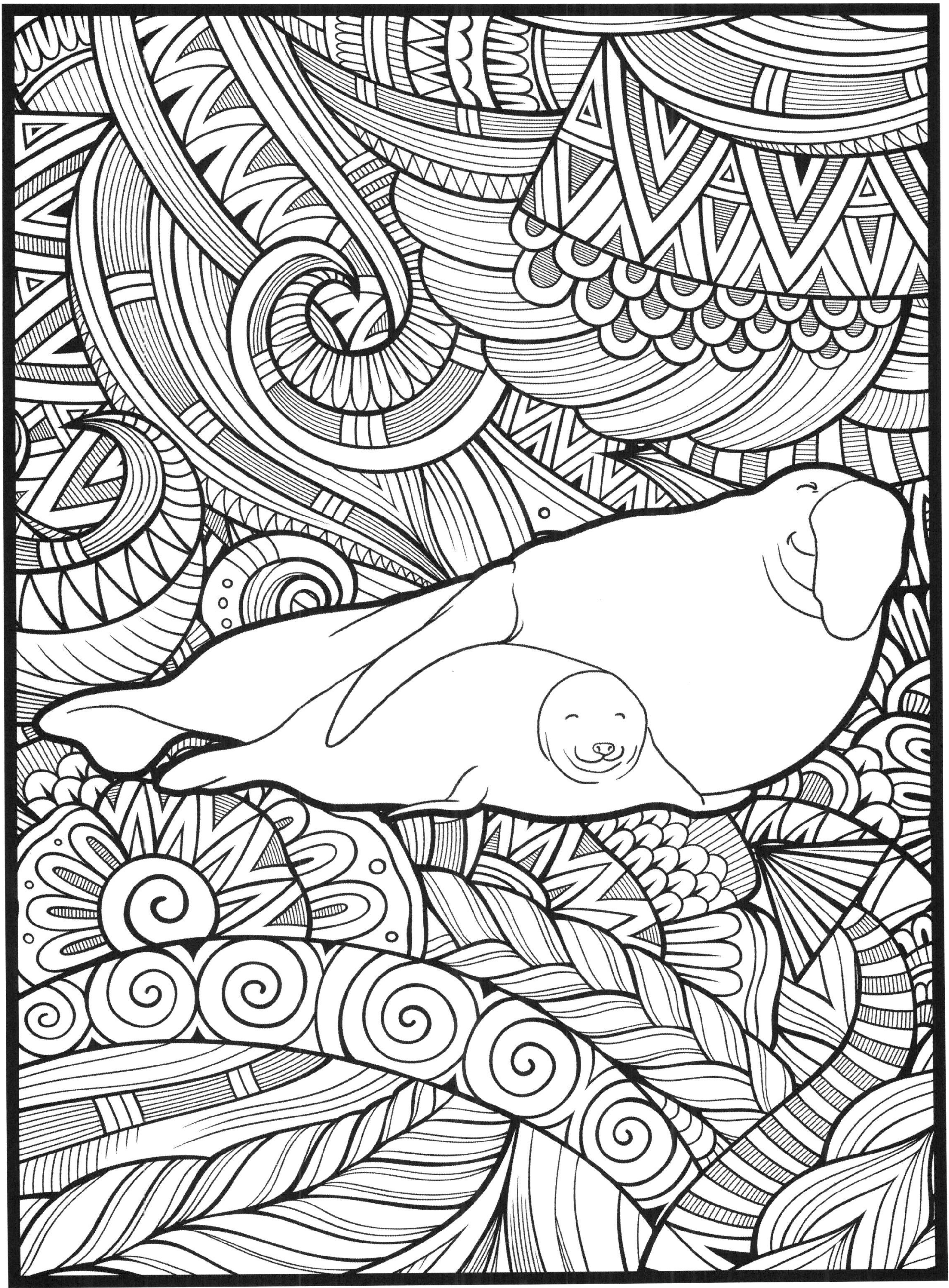

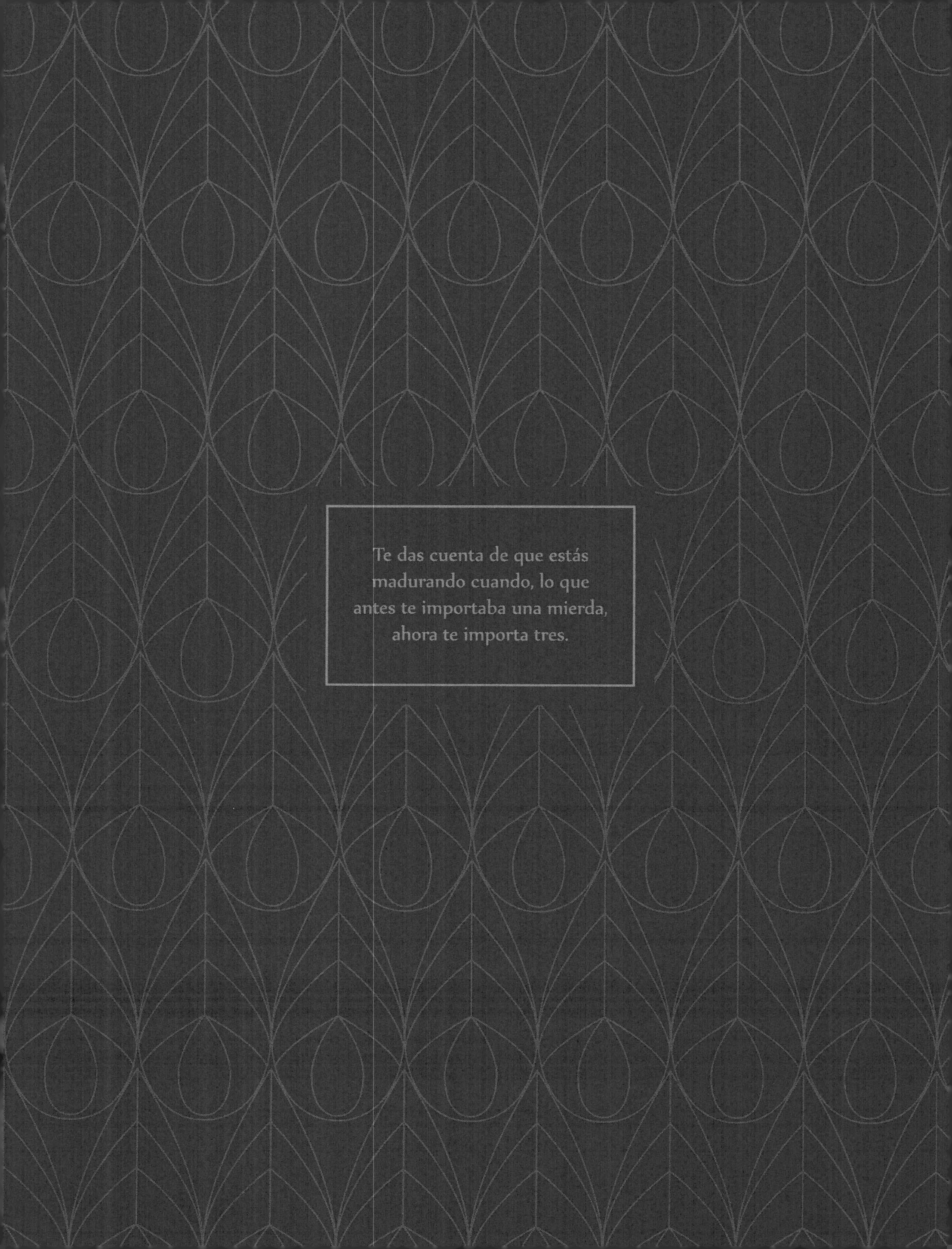

Te das cuenta de que estás
madurando cuando, lo que
antes te importaba una mierda,
ahora te importa tres.

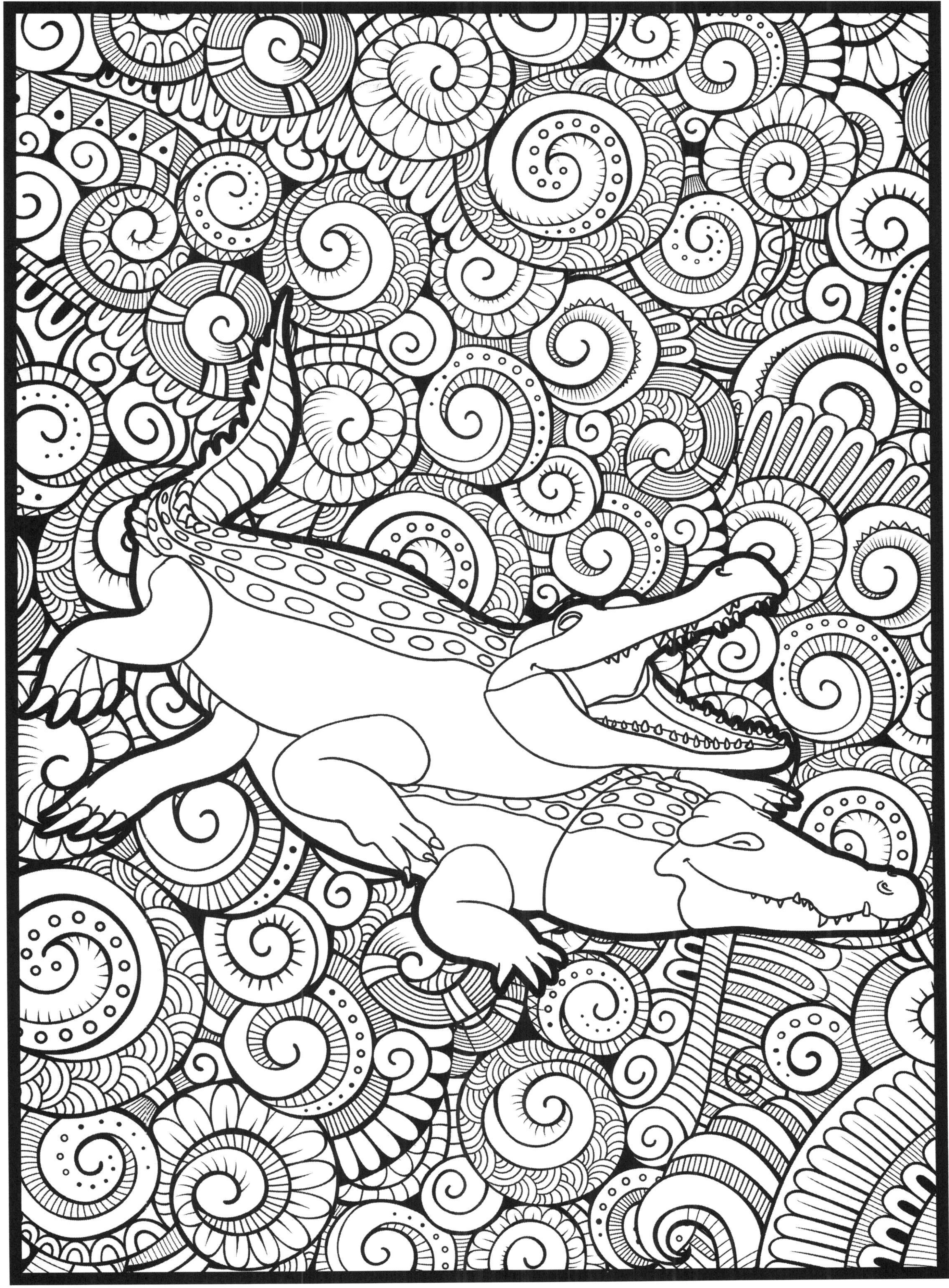

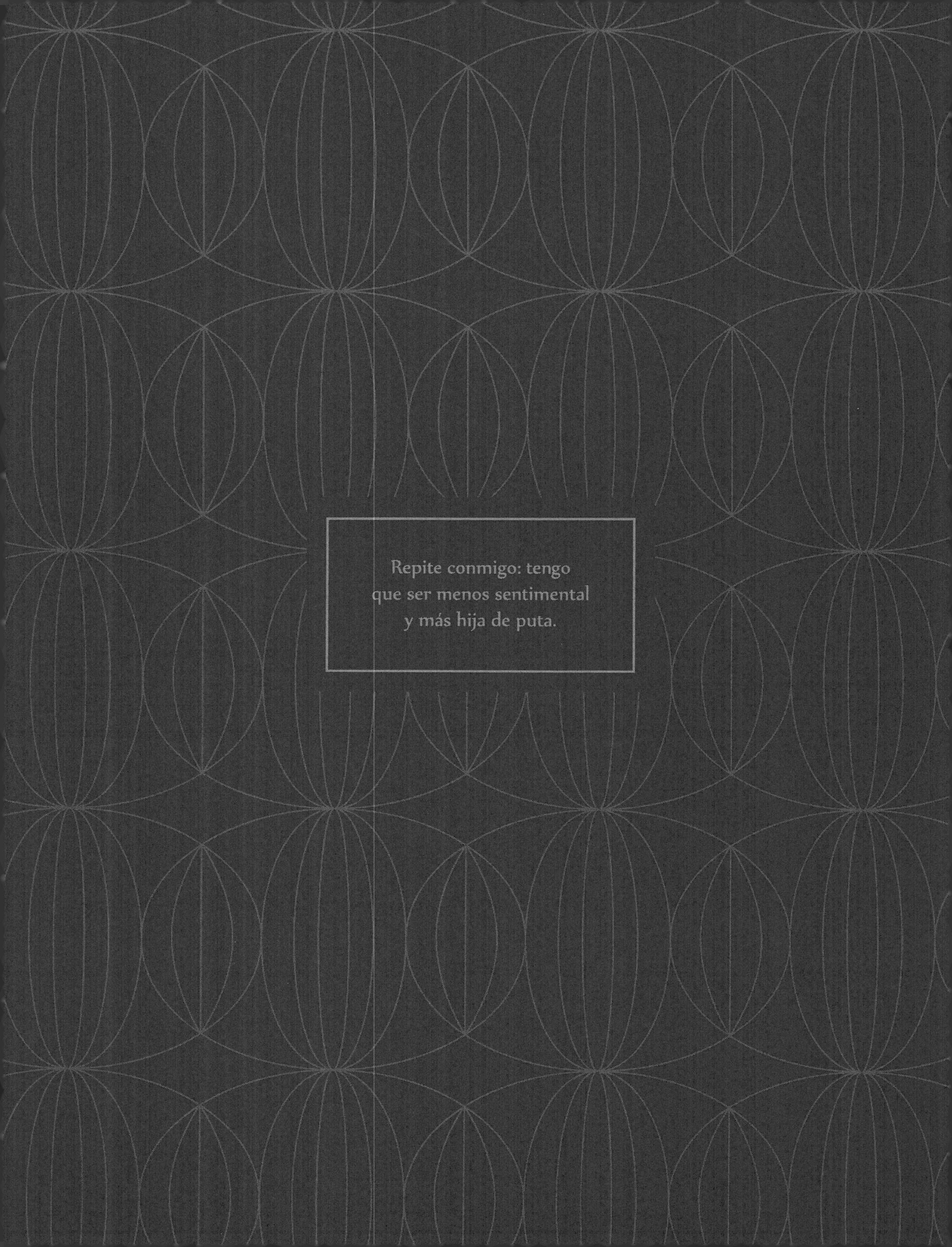

Repite conmigo: tengo
que ser menos sentimental
y más hija de puta.

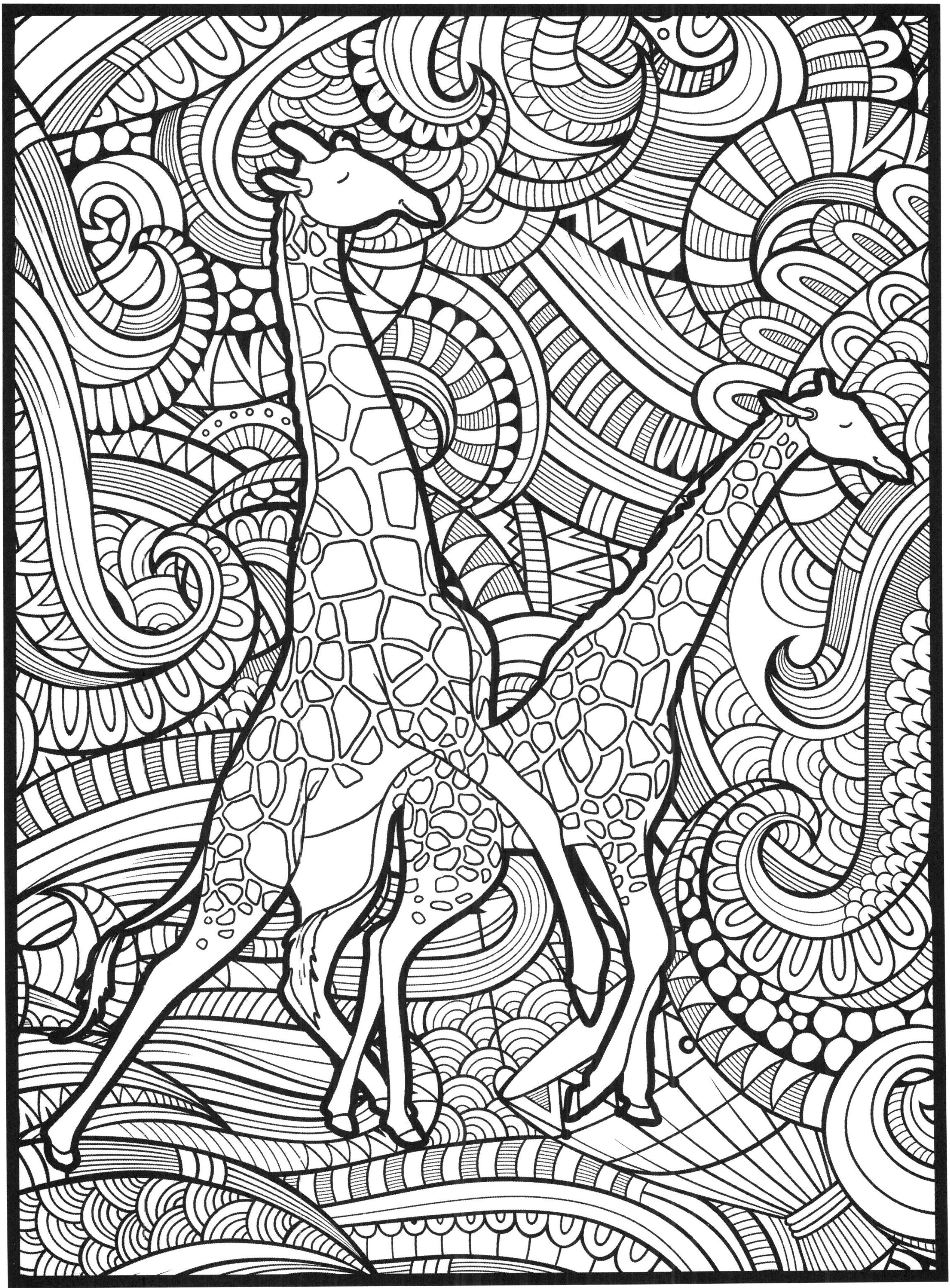

La clave está en sonreír, asentir y luego hacer lo que te salga del mismísimo.

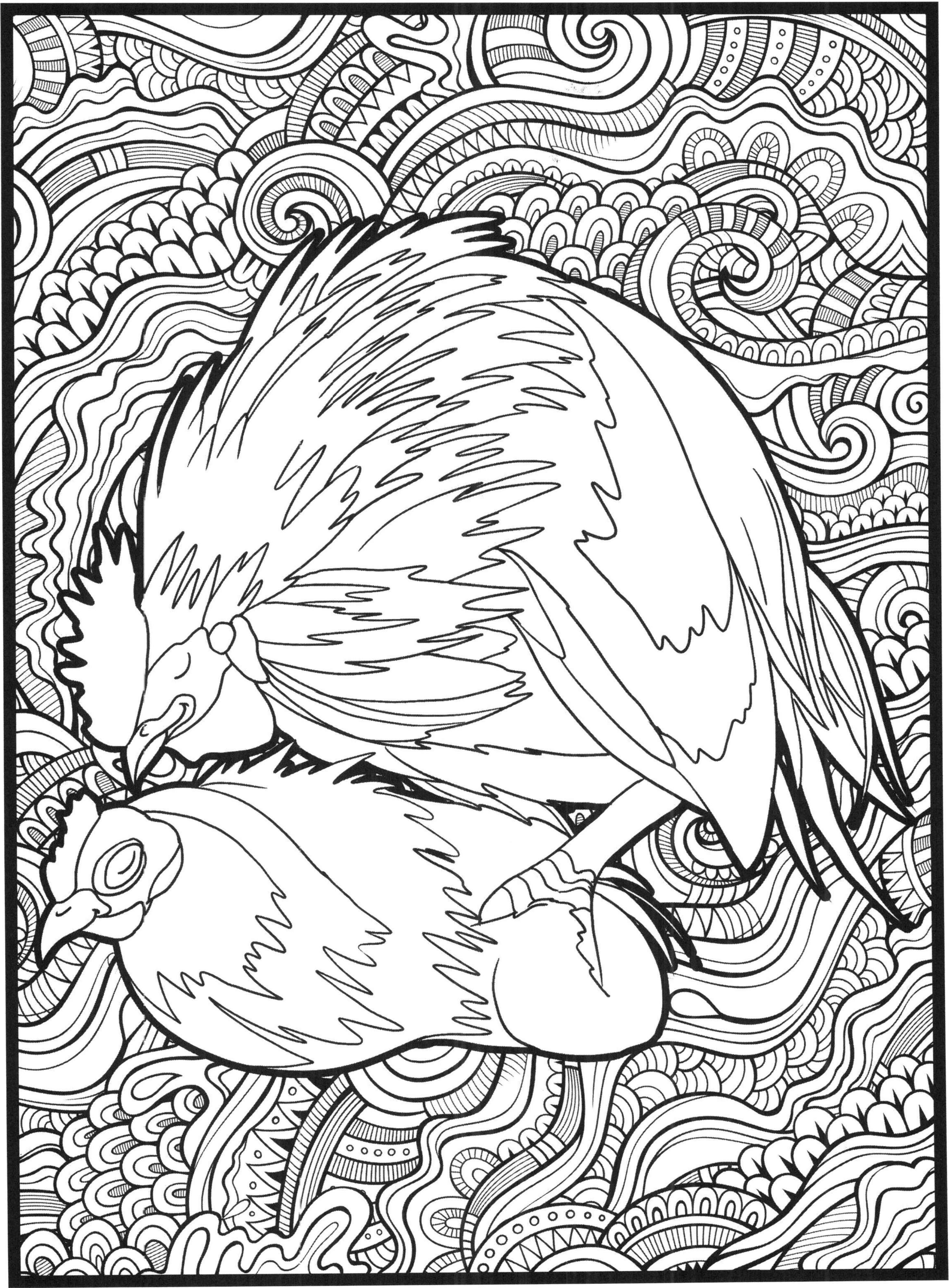

No hay mejor ejercicio
espiritual que mandar todo
a tomar por culo.

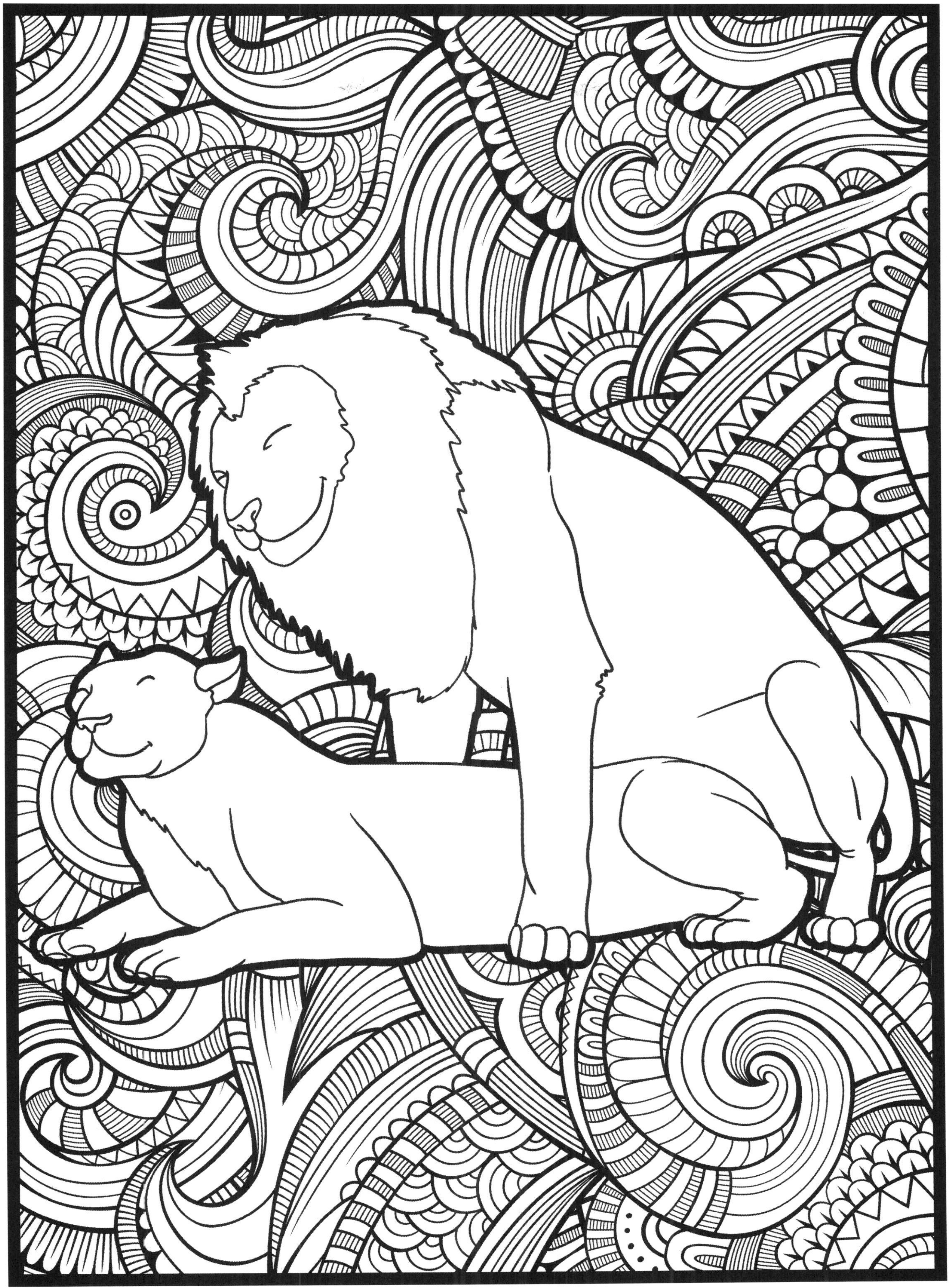

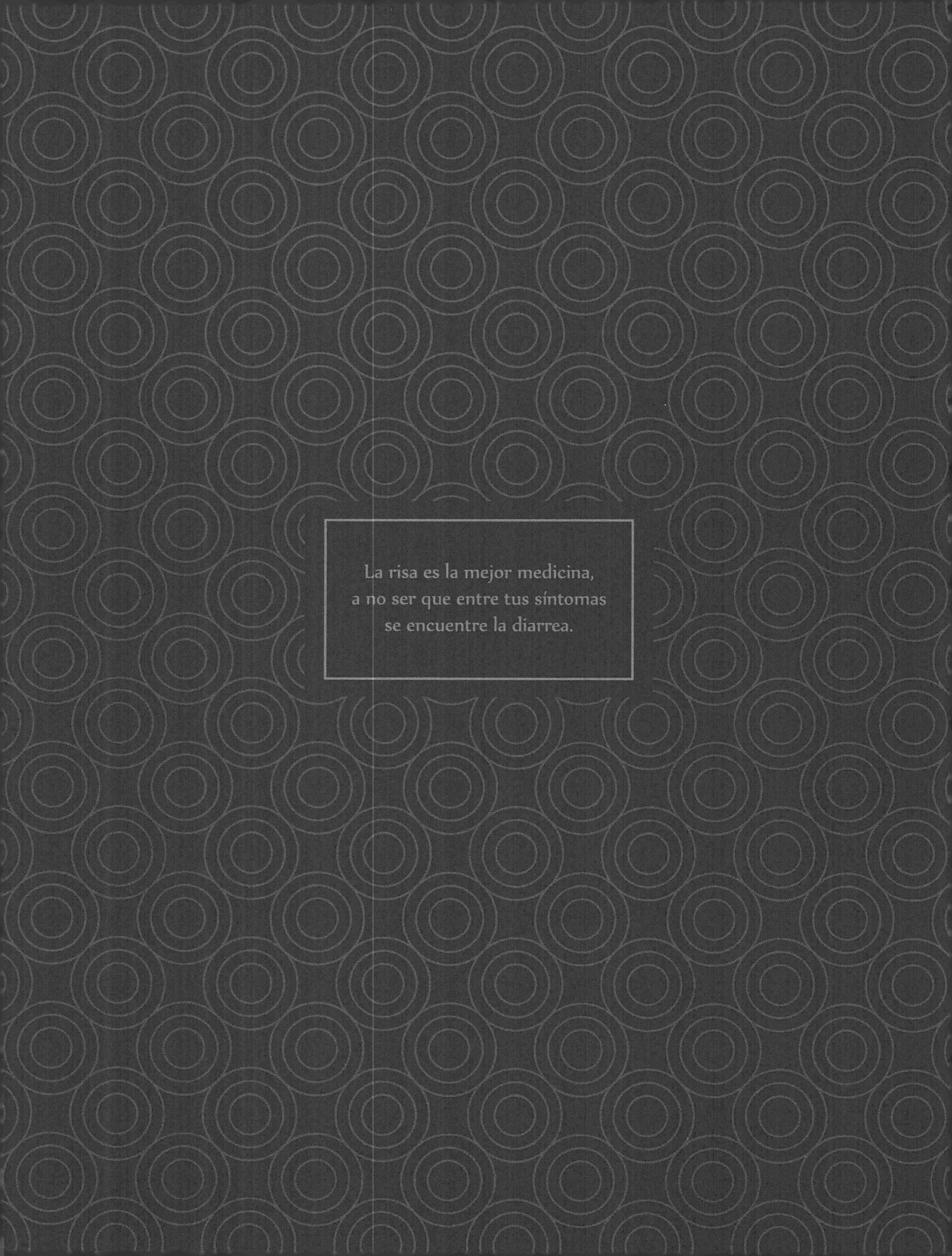
La risa es la mejor medicina,
a no ser que entre tus síntomas
se encuentre la diarrea.

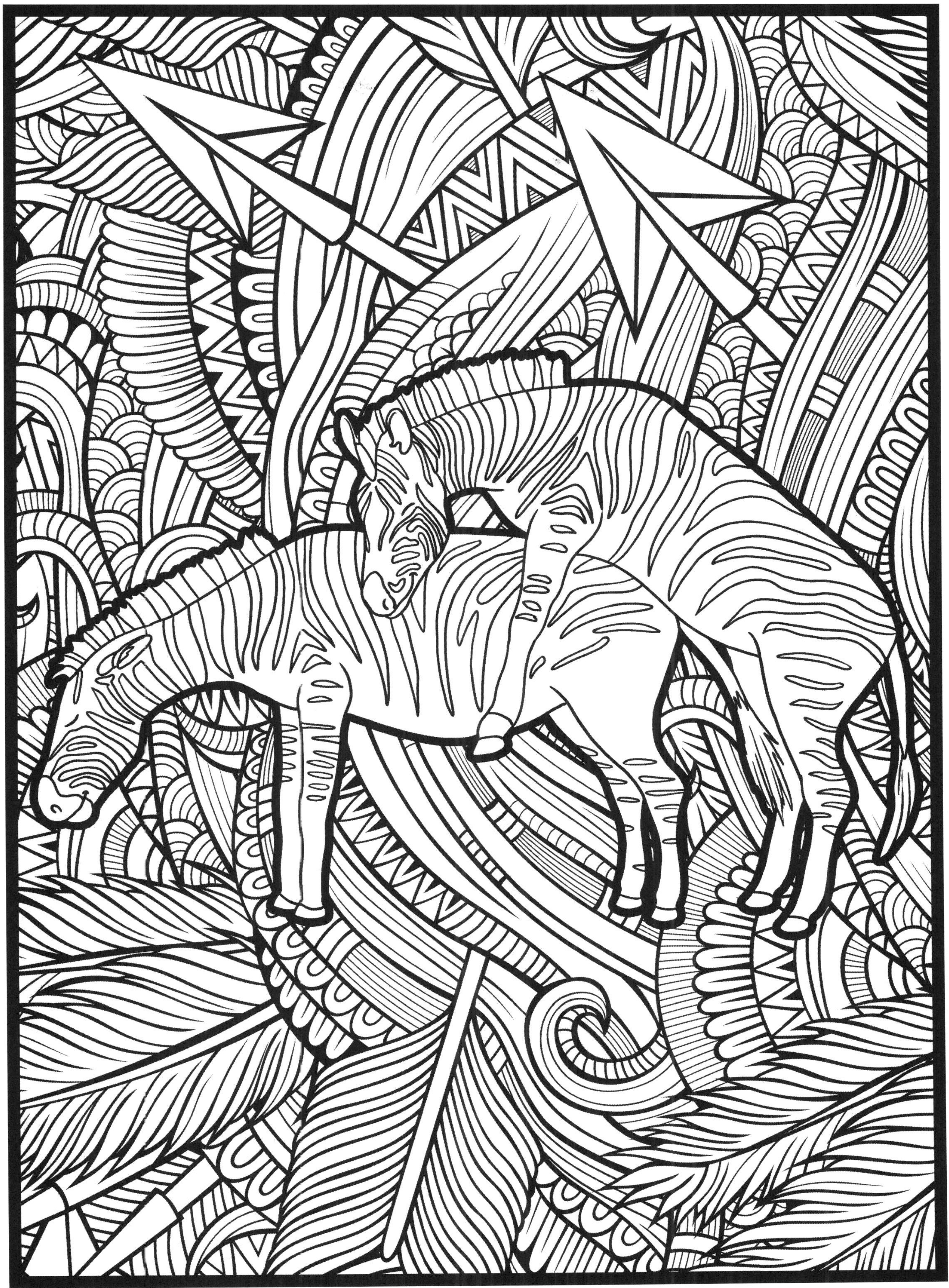

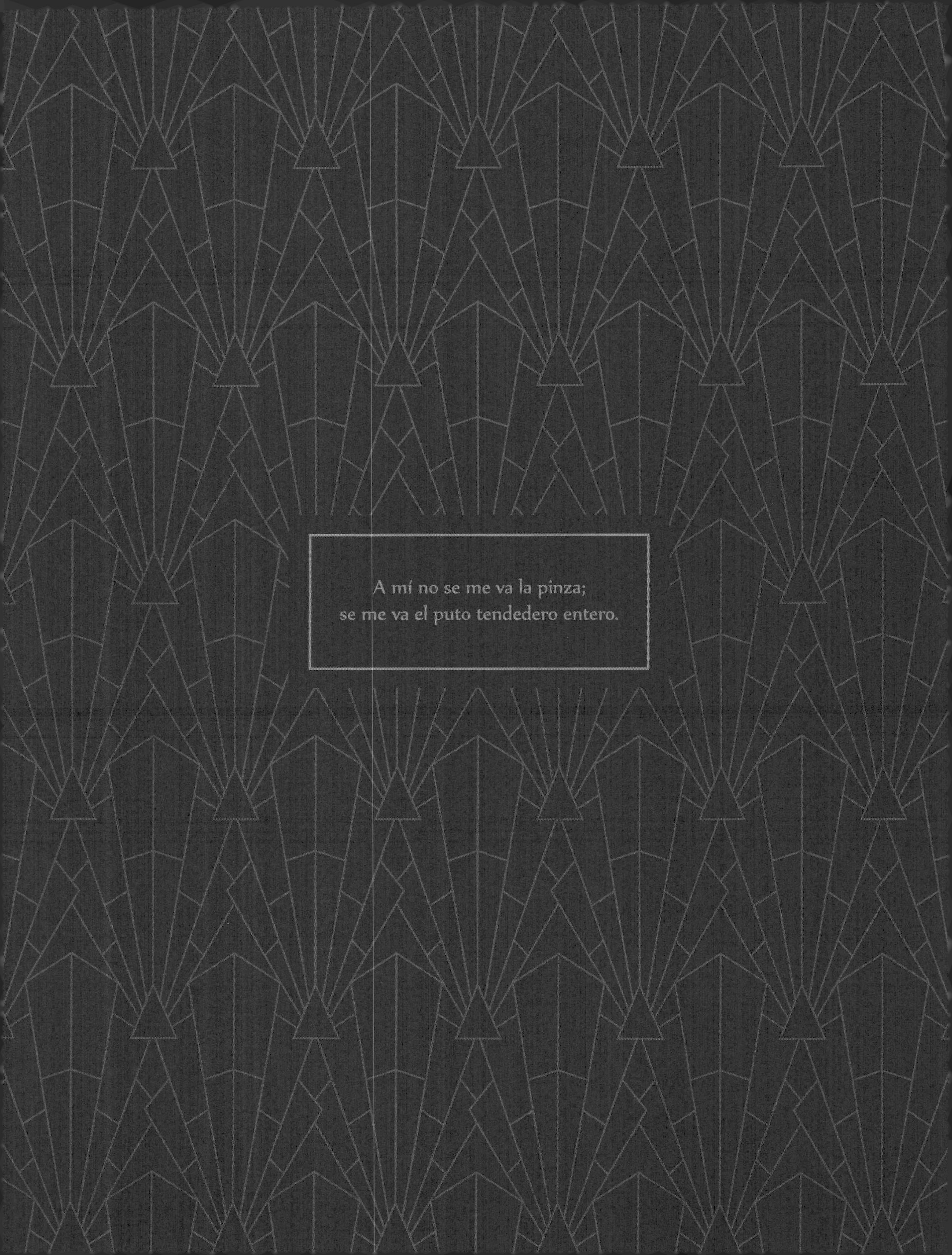

A mí no se me va la pinza;
se me va el puto tendedero entero.

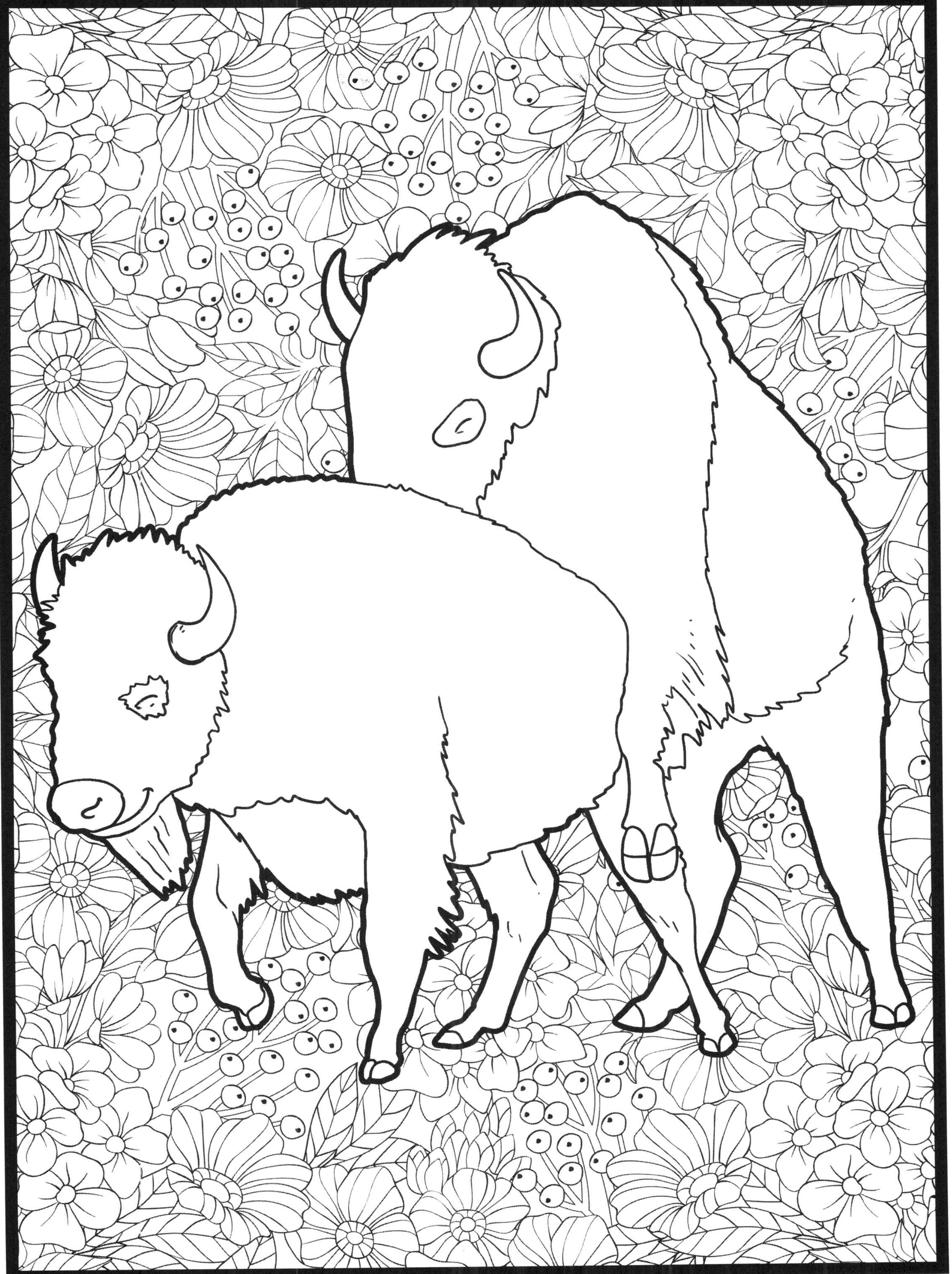

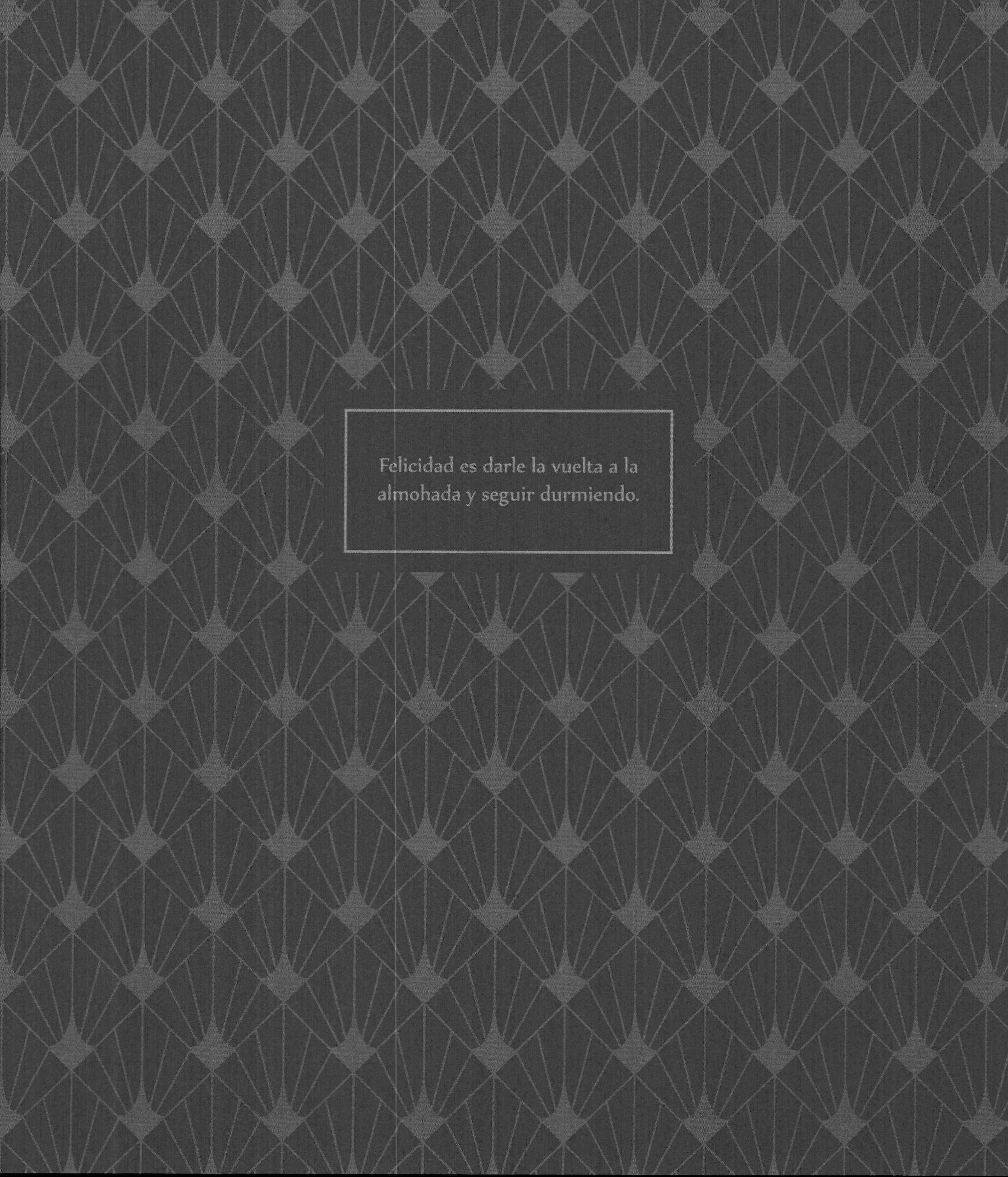
Felicidad es darle la vuelta a la
almohada y seguir durmiendo.

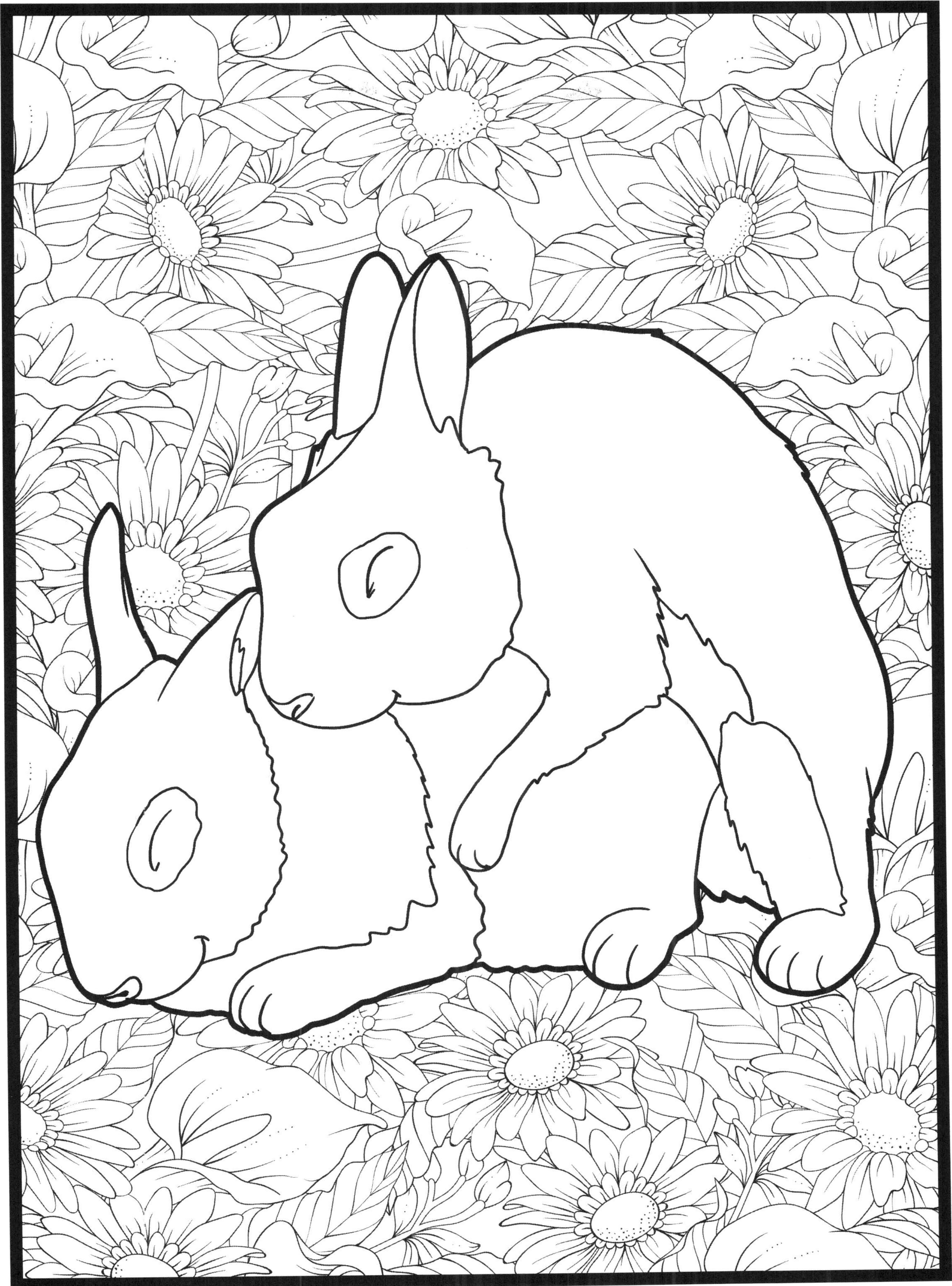

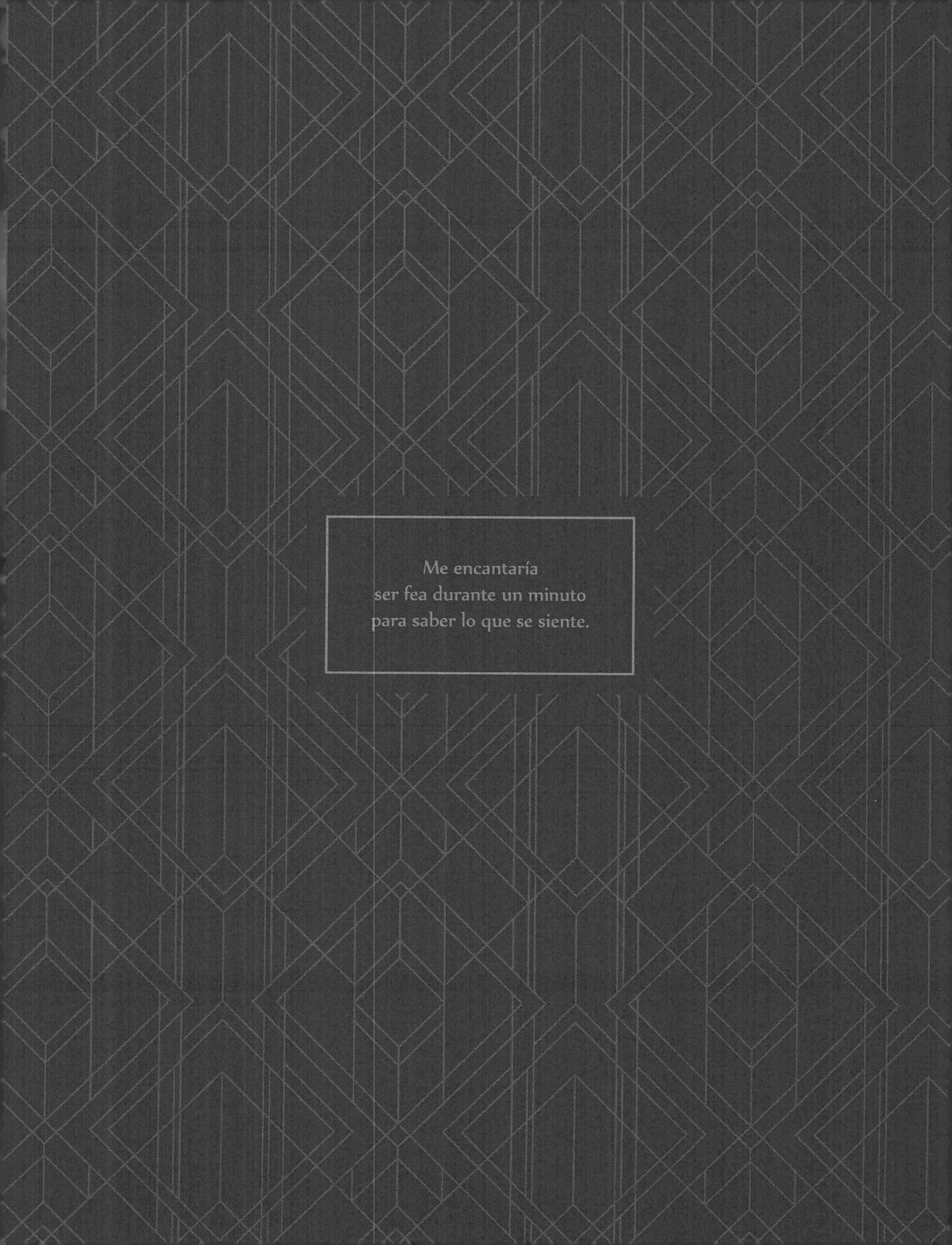
Me encantaría
ser fea durante un minuto
para saber lo que se siente.

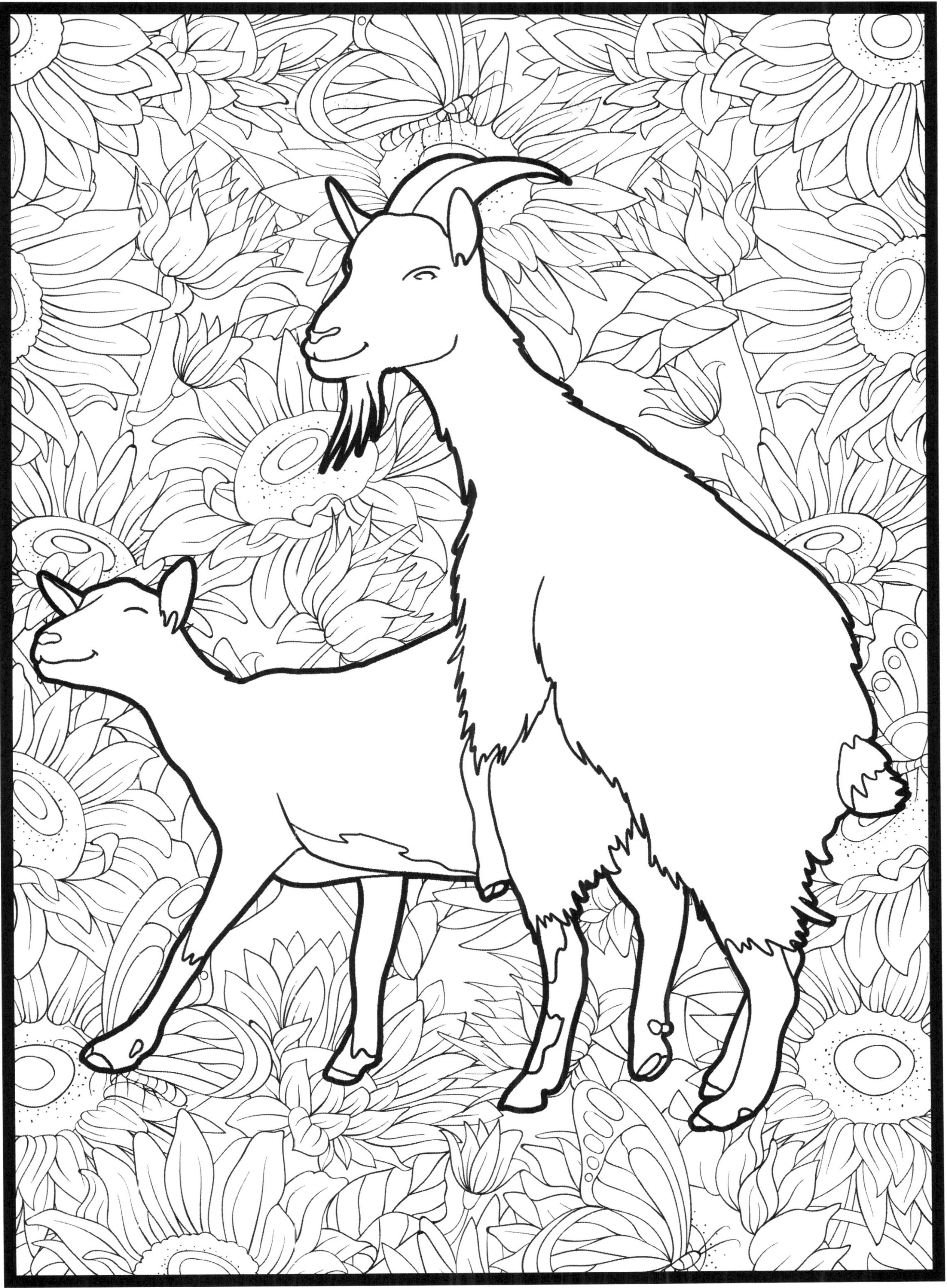

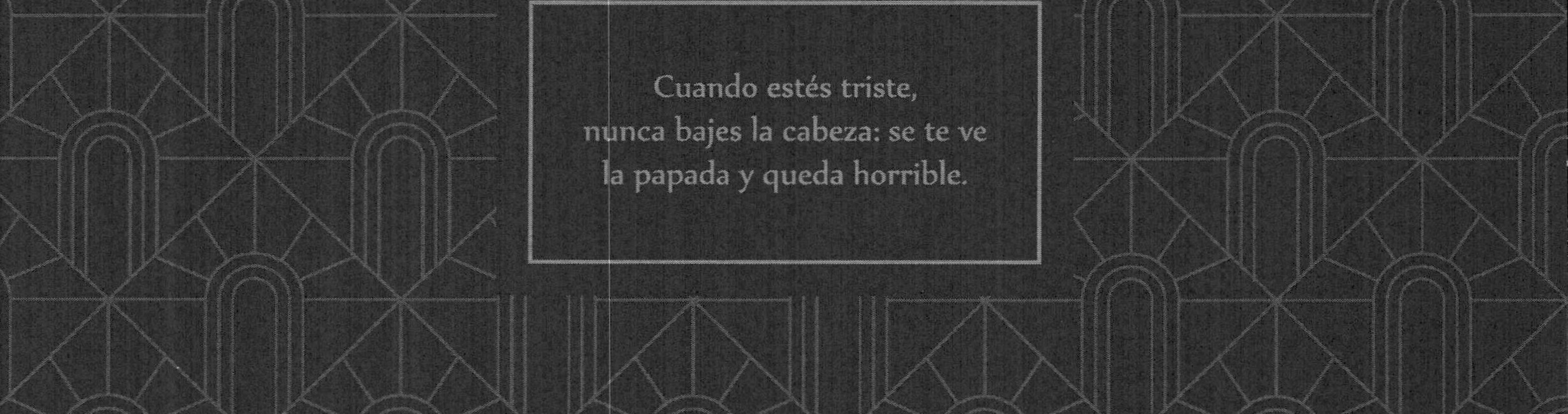

Cuando estés triste,
nunca bajes la cabeza: se te ve
la papada y queda horrible.

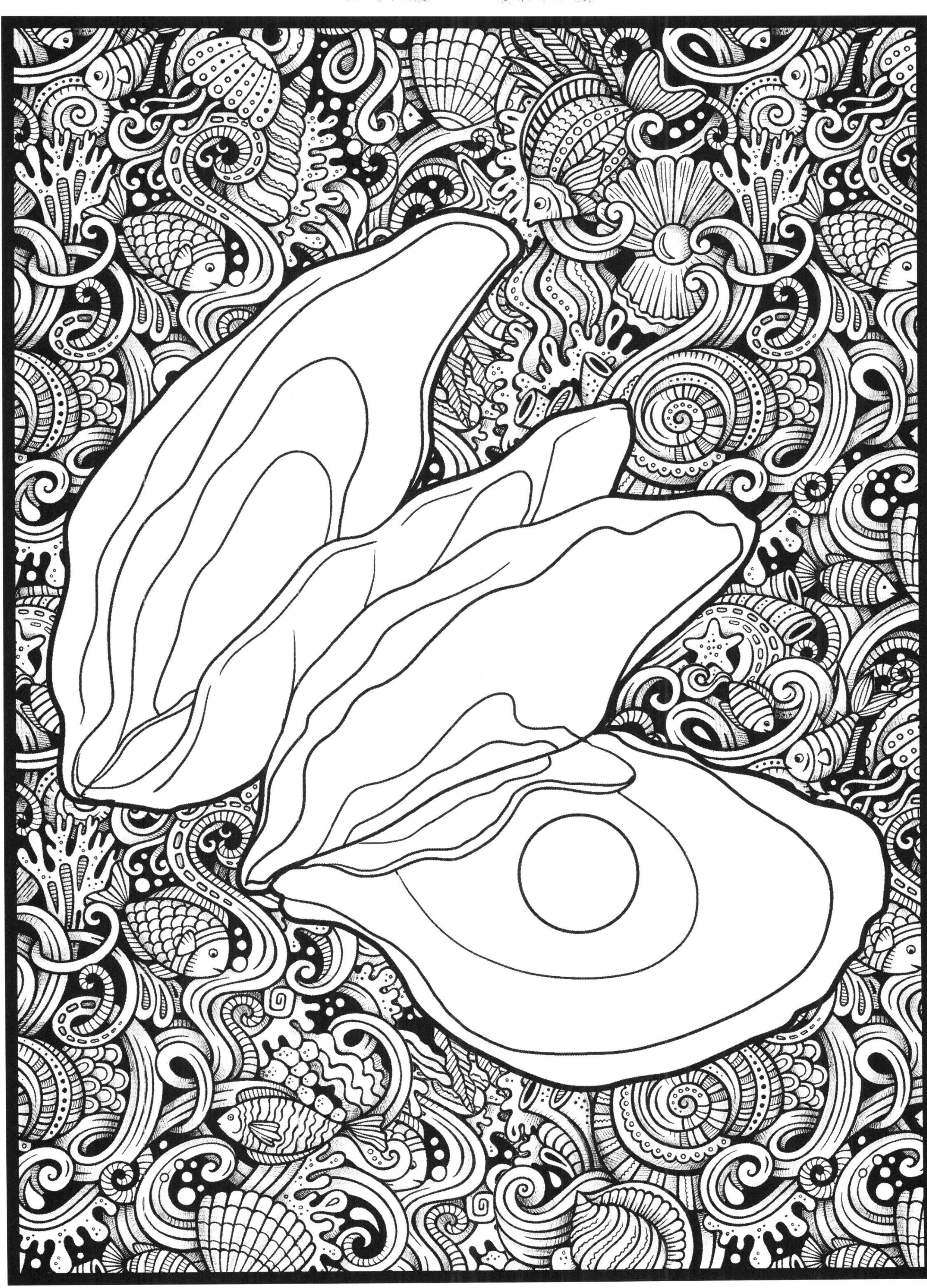

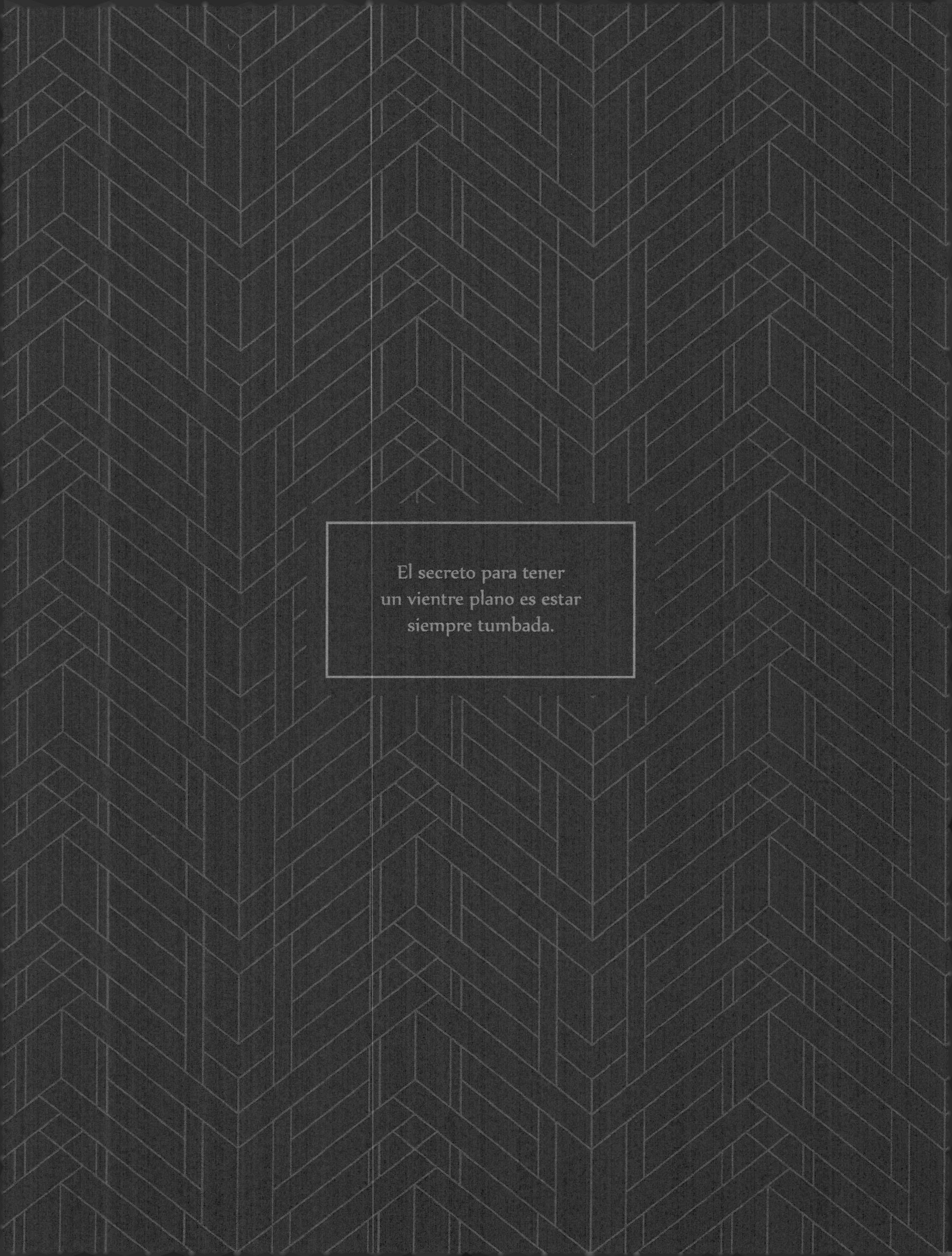
El secreto para tener
un vientre plano es estar
siempre tumbada.

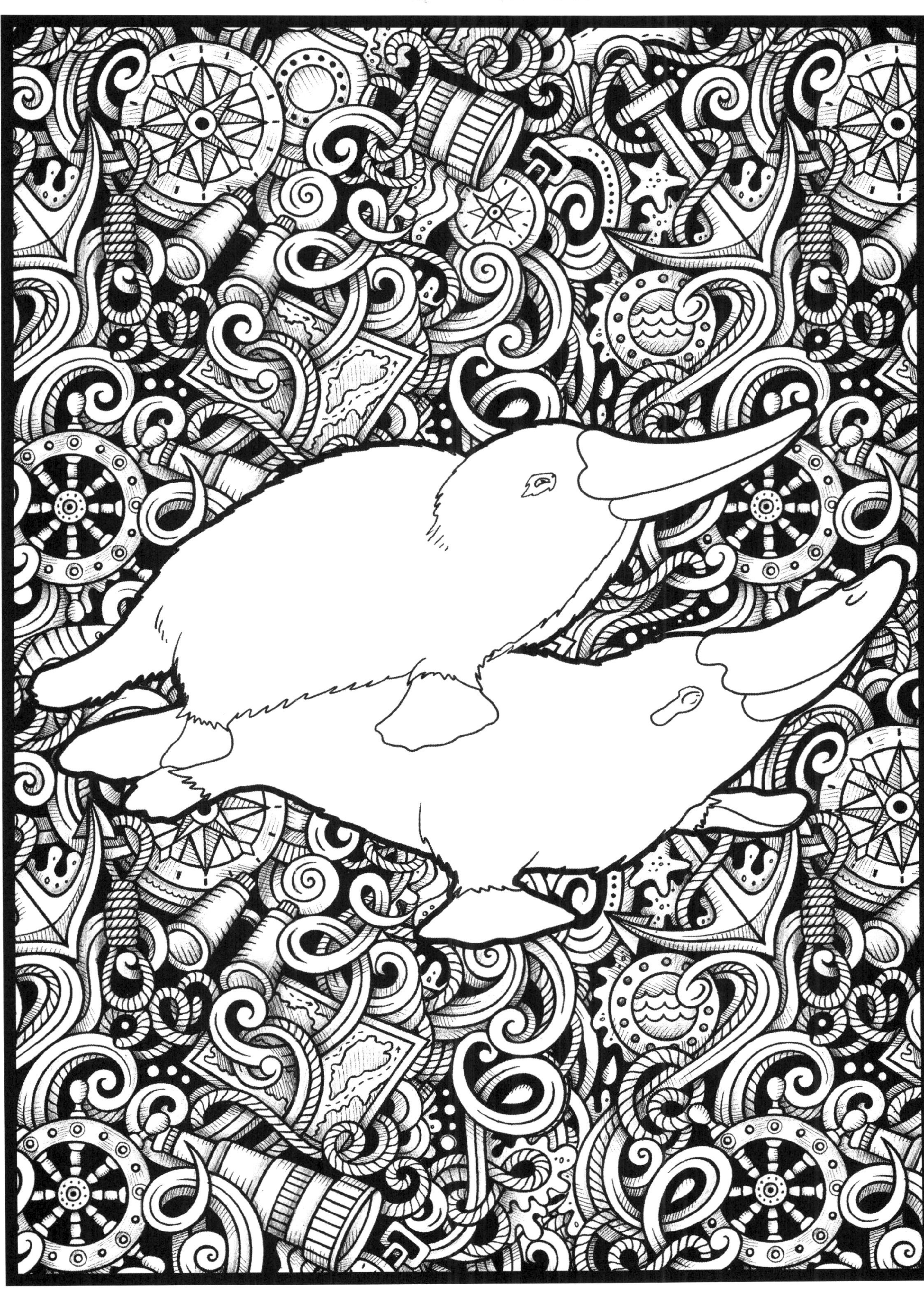

No sé si necesito un café XXL,
un abrazo, 7 chupitos de vodka,
una caja de nuggets o 2 meses
de sueño.

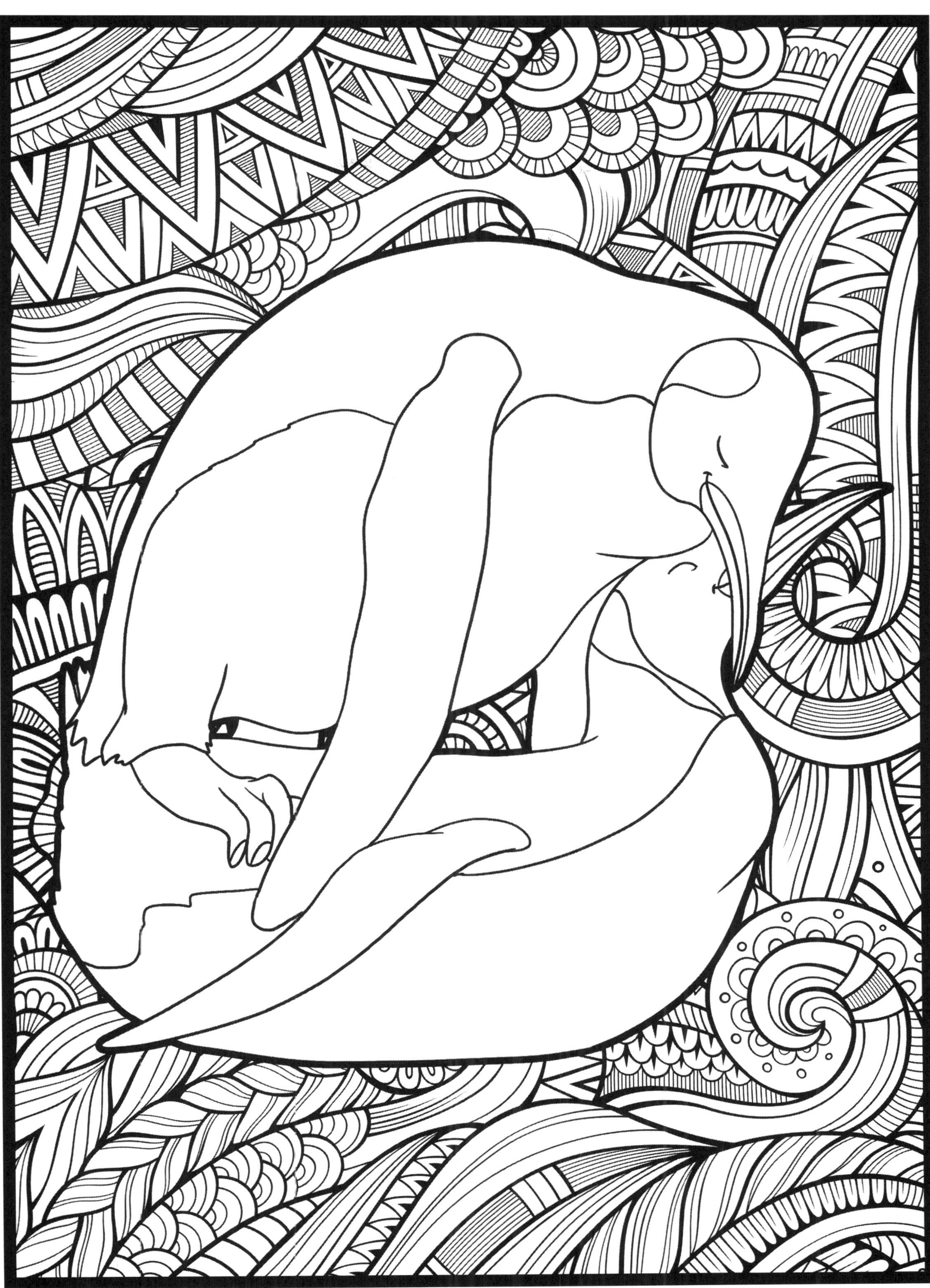

DESCARGA GRATUITA EN PDF
DE ESTE LIBRO
CÓDIGO DE DESCARGA:
HUMP737
www.honeybadgercoloring.com/HA1

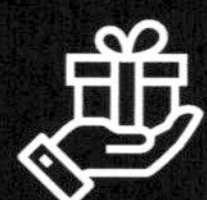

¿Quieres descargas gratuitas?
Escríbenos un correo electrónico a: freebies@honeybadgercoloring.com

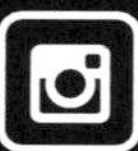

@honeybadgercoloring

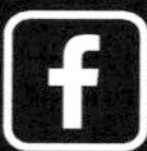

Honey Badger Coloring